AF585630

Arrêtez de vous prendre la tête et guérissez !

Édition physique et numerique du livre, 2018

Arrêtez de vous prendre la tête et guérissez !

« On a beau s’intéresser à un problème, cela ne suffit pas tant qu’on ignore dans quelle direction on doit chercher. »

Sigmund Freud

« Le corps fait une maladie pour se guérir. »

Hippocrate

Prologue

Vous entrez dans un livre qui, même s'il peut parfois prendre des allures « légères », s'appuie sur des réalités biologiques incontestables et des connaissances en neurosciences connues et reconnues.

Si vous aussi vous en avez assez de souffrir de maux émotionnels, psychologiques, voire physiques qui vous accompagnent depuis trop longtemps, entrez dans ce livre avec bonheur et confiance. Vous allez y découvrir une approche novatrice qui pourtant a fait ses preuves - et le fait encore chaque jour - auprès de centaines de patients.

Cette approche, cette technique qui s'appelle l'EPRTH™ va vous demander de laisser de côté tout ce que vous « croyez » savoir sur la psychologie, l'intelligence, la volonté, etc.

Je sais que pour certains, ça ne va pas être si facile, et pourtant si vous parvenez à le faire, vous vous offrirez un merveilleux cadeau. Le cadeau de la guérison rapide, sans effort et DÉFINITIVE !

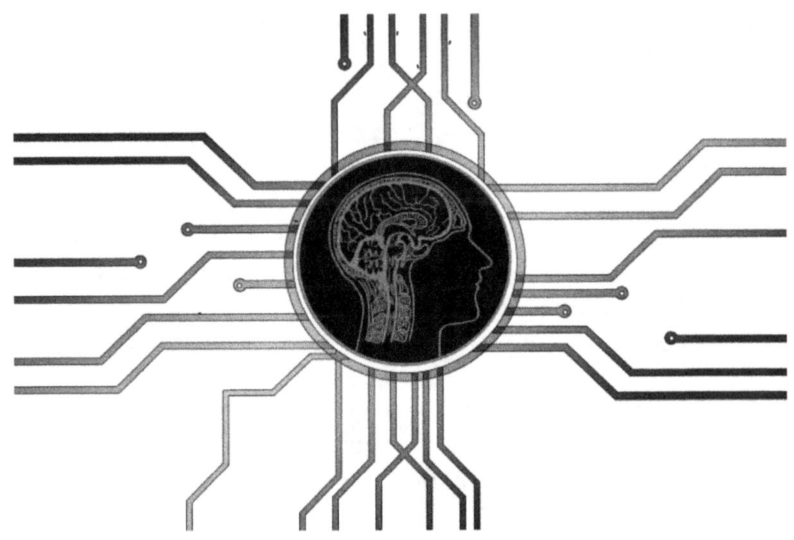

Avertissement

L'EPRTH™ n'est pas de la Psychothérapie

En EPRTH™, on n'a pas besoin de comprendre « Pourquoi », mais de savoir « Quand » et « Comment ».

L'EPRTH™ est une approche biologique des émotions.

L'EPRTH™ considère la dimension naturopathique de la vie de la personne, ses conséquences émotionnelles et physiques, et permet de les rééquilibrer en profondeur.

Sommaire

Chacun pour soi

Voilà un chapitre un peu barbant, mais nécessaire. Ne m'en voulez pas, j'essaierai de le rendre le plus digeste possible.

Vous avez certainement entendu parler de cette théorie du :

- Cerveau droit qui serait le siège de l'imagination, des émotions, de la créativité, et de la conscience de l'espace.

- Cerveau gauche qui serait le siège de la logique froide, du verbal, côté dominant.

Combien de fois entend-on encore cela lors de conférences. Mais, DOMMAGE ! Cette théorie est fausse.

Ce concept est apparu en 1960, suite aux recherches menées par Roger Sperry de Caltech (prix Nobel) sur le "cerveau divisé" (Split brain) sur des patients épileptiques qui avaient subi une opération radicale consistant à sectionner la solive du cerveau (corps calleux), ce qui rendait indépendants les fonctionnements des deux hémisphères.

Puis, dans les années 1970, trois neurologues de l'Université d'Harvard Geschwind, Levitsky et Galaburda ont largement popularisé ce concept de latéralité du cerveau.

Dans un monde en pleins bouleversements, à la recherche du mieux-être, de nombreuses théories et techniques de bien-être se sont laissé séduire par ce concept d'une représentation bipolaire du monde. Le mouvement hippie qui prônait l'épanouissement personnel, enseigné par des philosophies orientales, s'empara aisément de cette symbolique yin et yang.

Mais en 1996 les neurologues cliniciens Gereon Fink de l'Université de Düsseldorf et John Marshall de l'Hôpital d'Oxford, puis Joseph Hellige, psychologue de l'University of Southerm California, ont démontré que les régions du cerveau traitent l'information l'une après l'autre. Les 2 côtés se complétant et s'associant, en fonction des prédispositions dues au câblage mis en place lors du développement du cerveau de l'individu.

Or ce câblage, cette prédisposition, se construit à travers nos expériences de vie, via notre Cerveau Émotionnel.

Qu'est-ce que le Cerveau Émotionnel ?

Pour répondre à cette question, nous n'allons pas nous intéresser aux deux lobes du cerveau, mais à la structure profonde de celui-ci. Considérons-le, si vous le voulez bien, schématiquement comme une pêche, avec son noyau et sa pulpe.

La pulpe : qui, dans le cerveau serait le Cortex, siège de notre intelligence, de notre pensée articulée, de notre volonté.

Le noyau : ici, serait le Cerveau Émotionnel, lui-même composé du :

- Cerveau Reptilien qui gère notre biologie : la température du corps, la digestion, la pression sanguine, la pousse des cheveux, des ongles, la régénération des cellules, la production des hormones, etc.

- Système limbique qui est un peu comme le périscope du sous-marin. Il va, via nos cinq sens (vue, odorat, ouïe, toucher, goût), renseigner le Cerveau Reptilien pour qu'il adapte la biologie du corps aux besoins créés par l'environnement.

Exemple :

Quand vous entrez dans une pièce où il fait très chaud, le Système limbique, via le sens du toucher, transmet immédiatement l'information au Cerveau Reptilien qui ouvre les pores de votre peau afin de vous faire transpirer, et ainsi maintenir la température du corps à 37°, température corporelle optimum pour l'être humain.

Car c'est là la fonction du Cerveau Émotionnel : maintenir la vie, en cherchant à tout instant, l'homéostasie, l'équilibre biologique.

Or, il est très important de bien comprendre que :

- Le Cerveau Émotionnel gère la biologie. Le corps.
- Le Cerveau Émotionnel n'est pas « intelligent ». Il n'a pas de pensée articulée.
- Le Cerveau Émotionnel travaille indépendamment du Cortex.
- Le Cortex ne peut pas contrôler le Cerveau Émotionnel.
- Mais le Cerveau Émotionnel peut contrôler le Cortex.
- En cas de stress, le Cerveau Émotionnel traite les informations sous forme binaire : « danger de mort » / « pas danger de mort ».

- Pas de Cerveau droit / Cerveau gauche :
- Mais un Cerveau Émotionnel, inconscient, qu'on ne peut pas contrôler volontairement. C'est un système <u>automatique</u> de la gestion de la biologie. Il gère toutes les fonctions de notre corps, y compris les hormones.
- Et un Cortex, conscient et intelligent que l'on peut contrôler.

L'EPRTH™, comment ça marche ?

Depuis que l'Homme a pris conscience de son humanité, il a voulu séparer – et ce de plus en plus – l'Esprit (la pensée, les émotions) du corps (la biologie).

Cette approche, qui au début était surtout de l'ordre des croyances, des religions, a jeté sur le corps le voile de l'animalité et sur l'esprit celui du divin.

Cette conception binaire a eu, et a encore, des conséquences considérables dans l'approche de la maladie. Les maux du corps étant considérés comme relevant de la matière, de la biologie, et ceux de l'esprit, de l'émotion, apparaissant comme impalpables, voire éthérés.

Cette dichotomie qui a d'abord classé les personnes souffrant de troubles émotionnels du côté des « possédés par le Diable », puis des « hystériques » puis - suite à la création de la psychanalyse (Freud) - séparé les « soignants » du corps (médecins, chirurgiens, etc.), des « soignants » de l'esprit, des émotions, des pulsions (psychanalystes, psychologues, etc.).

Or cette approche manichéenne est **dramatiquement fausse**.

Pourquoi ?

<u>Dramatiquement</u> : Parce que s'il est aisé pour tout un chacun d'avouer qu'il a mal au dos, du diabète, ou un psoriasis, sans culpabilité aucune (et donc sans responsabilité), il devient difficile, voire honteux, d'avouer qu'on est claustrophobe, qu'on souffre d'une addiction, ou encore qu'on soit saisi d'angoisse.

Fausse : Parce que les émotions ne sont pas du domaine de la pensée (psy), mais de la biologie (bio).

En effet, votre humeur, vos peurs, vos pulsions sont véhiculées dans votre corps via des substances parfaitement matérielles, corporelles, biologiques : les hormones.

Les femmes le savent bien, selon les moments de leur cycle (hormonal), elles passent par des phases émotionnelles différentes, sans qu'elles puissent y remédier autrement qu'en prenant des substances (biologie), des compléments alimentaires (biologie), ou en pratiquant la relaxation, la méditation qui vont aider leur corps à produire les hormones (biologie) du plaisir, du bien-être (Dopamine, Sérotonine) qui vont compenser biologiquement, qui vont temporiser, le flux hormonal du cycle, perturbateur de l'humeur.

Il en est de même pour les personnes qui souffrent, par exemple, d'hypothyroïdie. Elles savent très bien que si l'hormone de synthèse qu'elles doivent prendre chaque matin est sous-dosée, elles verront, dans le même temps, surgir :

Des maux physiques : Fatigue, constipation, prise de poids, etc.

Des maux émotionnels : Tristesse, dépression, voire des pulsions suicidaires, etc.

Nos maux sont donc bien tous du domaine de la matière, de la biologie, du corps.

Les Chamans, Sorciers et autres Guérisseurs l'avaient bien compris. Depuis la nuit des temps, ils savaient la nécessité de soigner le corps, même face à des troubles réputés « émotionnels ». Mais, ils savaient également la tendance, le besoin qu'à l'Humain – certainement d'ailleurs pour se sentir au-dessus de la condition animale – de séparer la psyché du corps.

Il leur fallait donc « donner le change » en :

- Satisfaisant la pensée consciente et inconsciente (psy) : À travers des rituels, des invocations, etc.

- Pour pouvoir traiter l'esprit via le corps (bio) : avec des plantes, des bains, des massages, etc.

Le médecin de famille ne fait pas autrement :

- Il satisfait la pensée consciente (psy) : avec sa blouse blanche, son discours inspiré, ses diplômes et autres visuels médicaux sur les murs, son ordonnance à entête, etc.

- Pour pouvoir traiter l'esprit via le corps (bio) : avec des anxiolytiques, des antidépresseurs, des somnifères, etc.

Comprendre cela est certainement ce qui m'a le plus séduit dans la Naturopathie, cette approche définitivement biologique de tous les maux, sans considération « séparatistes » entre le Corps et l'Esprit.

C'est donc bien en tant que Naturopathe et non en tant que Psy (que je ne suis pas, et ne veux pas être) que j'ai patiemment construit, élaboré l'EPRTH™.

- L'EPRTH™ soigne le corps, traite le corps, en tenant compte de son Chef d'orchestre : le Cerveau

Émotionnel, et c'est pour cela, grâce à cela, que non seulement les résultats obtenus sont spectaculaires, mais aussi définitifs. Car l'EPRTH™ traite simultanément le Corps et l'Esprit.

- L'EPRTH™ ne sépare pas l'Esprit du Corps.
- L'EPRTH™ considère - à juste titre - que tout est biologique. Même les émotions sont avant tout biologiques, car elles sont induites par les hormones.
- L'EPRTH™ traite le corps. C'est pourquoi les résultats obtenus sont rapides et durables.

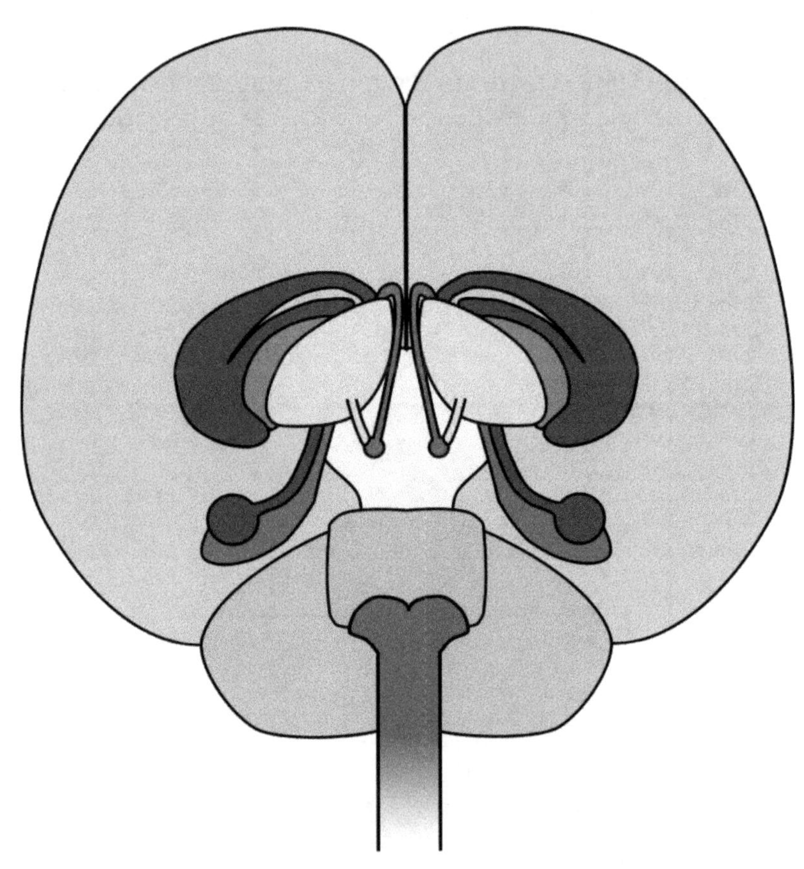

C'est quoi ça ?

Votre Cerveau Émotionnel n'aime que ce qu'il connaît.

Ça veut dire quoi ?

Il n'aime pas le changement.

Pourquoi ?

1) **Parce que pour lui c'est « confortable.** En effet, devant une situation connue, il « sait », ou plutôt il « perçoit » comment répondre (en fonction de vos Encodages, c'est-à-dire : en fonction de la banque de réponses adaptées qu'il a encodées, au fur et à mesure de votre vie). Il peut répondre ainsi plus vite.

2) **Lorsqu'il rencontre une situation inconnue, il stresse.** Ce changement va lui demander de mobiliser plus d'énergie, afin de s'adapter. Ce qui induit un stress organique.

   Il déclenche alors la réponse de base au stress, vécu comme « danger de mort » :

   Afflux d'énergie dans les bras pour la lutte, afflux d'énergie dans les jambes pour la fuite. Il réprime également l'énergie dans la sphère digestive et réprime les capteurs de sensibilité de la peau. Tout ceci en mode réflexe, hors de contrôle du Cortex, de la pensée logique et rationnelle.

Exemple imagé :

- Vous décidez (Cortex) de partir en vacances sur une île au soleil.
- Votre conscient (Cortex) est heureux.
- Votre Cerveau Émotionnel stresse (car il y a un changement). Ce qui entraîne immédiatement une distribution différente de l'énergie dans le corps : selon la réponse de base au stress.
    - Avez-vous remarqué combien les gens dans les avions où les trains ont besoin de se dégourdir les jambes (énergie dans les jambes), et parlent beaucoup avec les bras, sonne souvent l'hôtesse, règlent l'air, ouvrent et ferment leur tablette, etc. (énergie dans les bras).
    - Les 3 premiers jours de vacances, souvent vous êtes constipé(e) (diminution de l'énergie dans la sphère digestive).

Mais, si vos vacances sont agréables, votre Cerveau Émotionnel va se calmer. Il va encoder ce lieu : ses odeurs, ses bruits, etc. en tant que situation « pas danger de mort ». Ce qui va lever l'alerte, et donc redistribuer l'énergie en conséquence.

Sauf s'il y retrouve des perceptions faisant référence à un précédent Encodage négatif. Si tel est le cas, votre Cerveau Émotionnel va réactiver cette précédente expérience et provoquer une situation permettant l'évitement.

Il va par exemple :

- Vous faire tomber malade, ou autre.

Et c'est ainsi que certaines personnes tombent systématiquement malades ou se blessent lorsqu'elles partent en vacances. Cette réponse étant la seule trouvée par leur Cerveau Émotionnel face à ce changement, en fonction de ses Encodages.

Exemple concret :

Marie est une femme d'une quarantaine d'années.

- Elle vient me consulter suite à plusieurs traumatismes, plusieurs accidents de moto.
- Elle ne parvient pas à maintenir une relation affective stable. Les hommes qu'elle rencontre finissent toujours pas la quitter.
- Elle est infirmière de bloc opératoire, et s'épanouit dans son travail. Elle est respectée pour ses compétences.
- Elle souffre de douleurs multiples.

Je la reçois cinq fois, m'attachant à désensibiliser la mémoire corporelle et émotionnelle de chaque accident.

Les douleurs ont cédé, et émotionnellement elle va beaucoup mieux. Mais au moment de prendre rendez-vous, pour dans 3 semaines comme habituellement, elle me dit que cela tomberait au milieu de quinze jours de congés prévus. Elle ne sait pas si elle ne va pas partir quelques jours. Nous convenons de nous revoir cinq semaines plus tard.

Cinq semaines plus tard, je reçois Marie qui a le bras en écharpe. Je la questionne au sujet de cet accident. Est-ce à nouveau un accident de moto ? Elle me répond que non. Elle s'est simplement démis l'épaule en faisant du rangement.

Il m'apparaît comme évident que je suis en présence d'un « Encodage fondateur ». C'est-à-dire un Encodage qui s'est mis en place avant les 3 ans de la personne. Je décide de traiter cette zone de temps.

Voici ce qui est sorti de cette consultation :

Lorsque, lors du traitement, nous sommes parvenus au laps de temps correspondant au 4ème jour après sa naissance, Marie est entrée en état de panique. Panique que j'ai immédiatement traitée. Puis nous avons pu parler.

- Dans les 3 jours suivant la naissance de Marie, sa mère avait fait un baby-blues. En conséquence, la grand-mère avait récupéré la petite, directement à l'hôpital, et l'avait élevée pendant deux mois et demi, avant que sa mère ne la reprenne.

Or pour le Cerveau Émotionnel du bébé :

    - Maman = survie.
    - Être séparé(e) de maman = danger de mort.

- Marie (bébé) avait donc encodé :

    - Odeur, bruit, etc. de l'hôpital = survie.
    - Être séparé de l'hôpital = danger de mort.

Ainsi, lorsque Marie demeurait éloignée trop longtemps de l'hôpital, son Cerveau Émotionnel entrait en « stress » et provoquait un événement pour la ramener à l'hôpital. Peu lui importait sous quelle forme, infirmière ou malade. Du moment où il pouvait retrouver les sensations (odeurs, bruits, etc.) correspondant à l'Encodage « survie ».

À la lumière de cette information, j'ai effectivement pu constater que les accidents de moto, tout comme cette épaule démise, avaient tous eu lieu lors de périodes de vacances.

On voit bien ici que le Cerveau Émotionnel n'agit que par réflexes basés sur les Encodages sensoriels de l'individu, et non à partir d'une construction logique et rationnelle, siégeant dans le Cortex.

Le Cerveau Émotionnel de Marie en provoquant des accidents aurait pu la tuer. Alors même qu'il les provoquait afin d'assurer la survie de l'individu. Ou plutôt de « l'organisme vivant » dont il avait la charge.

- Son Cerveau Émotionnel, lors de l'accueil par sa grand-mère, avait également encodé :

- Abandon = survie.

Ce qui impliquait qu'elle « sélectionnait » inconsciemment, chaque fois, des compagnons susceptibles de l'abandonner. Après ce traitement Marie a pu rencontrer (sélectionner) un homme avec lequel elle vit toujours aujourd'hui, et n'a plus besoin de multiplier les accidents. Elle a également changé de trajectoire professionnelle.

3) **Le Cerveau Émotionnel va alors se faire une « idée » ou plutôt une perception de ce changement qu'il va encoder (enregistrer, référencer), en tant que réponse adaptée.** C'est pourquoi, lorsque vous vivez une situation toute nouvelle, le ressenti va devenir LA RÉFÉRENCE, et ainsi permettre, ou pas de renouveler l'expérience.

<u>Exemple imagé :</u>

Vous êtes-vous demandé pourquoi il y a toujours de la place pour s'inscrire dans les clubs de fitness ?

Prenons Mme Dupont. Elle a consulté son médecin qui lui a dit de faire de l'exercice. Or, Mme Dupont a bien plus l'habitude de la zappette devant la TV que du jogging à 6 heures du matin. Mais son médecin avait cette tête inquiète qui ne dit rien qui vaille. Mme Dupont décide d'aller s'inscrire au club de fitness qui vient de s'ouvrir dans son quartier.

1) Elle entre, pour la toute première fois, dans ce temple du corps en mouvement.

   → **Stress N°1.**

2) Se présente devant le comptoir, pour la toute première fois, face à une nymphette de 20 ans qui va poser sur Mme Dupont un regard désolé.

   → **Stress N°2.**

3) La jeunette finit par convaincre Mme Dupont – qui de toute façon n'est pas en état d'argumenter, tant elle est stressée - qu'il vaut mieux prendre un abonnement sur un an, car cela sera plus économique que de payer au coup par coup. Mme Dupont paie. Dépensant du même coup quelques économies qu'elle destinait plutôt, par exemple, à un petit week-end avec une copine, ou à un séjour de vacances.

   → **Stress N°3.**

4) Devant sa TV, sa zappette à la main, sur son canapé, Mme Dupont porte habituellement un vieux jogging avachi qui convient très bien. Mais là, pour se rendre dans ce haut lieu du muscle, il lui apparaît que le vieux jogging ne peut pas convenir. Mme Dupont se rend donc dans un magasin de vêtements de sport, afin d'acquérir la tenue ad hoc.

a. Dans la cabine d'essayage, sous le néon blafard, elle essaie d'enfiler sur ses bourrelets une des dernières tenues fluo à la mode.

→ **Stress N°4.**

b. Elle passe à la caisse, encore une dépense.

→ **Stress N°5.**

5) Le jour venu, Mme Dupont se rend au cours de fitness.

a. Elle ne connait pas les lieux ni les personnes présentes.

→ **Stress N°6.**

b. Elle essaie de suivre le cours de son mieux, mais ne connaît pas les exercices, peine à suivre le rythme, s'essouffle, transpire à grosses gouttes, etc.

→ **Stress N°7.**

6) Et le lendemain… les courbatures endolorissent tout son corps, rendant le moindre mouvement et chaque moment de la vie pénibles.

→ **Stress N°8.**

Comment pensez-vous que le Cerveau Émotionnel de Mme Dupont va encoder le « Fitness » ? Vous l'avez compris : Fitness = Stress, et même **Stress puissance 8**. Au minimum.

Or **Stress = danger de mort.**

Le Cerveau Émotionnel va donc faire en sorte de la soustraire à ce danger (pour préserver la vie). Ceci afin que Mme Dupont ne continue pas, ne renouvèle pas cette expérience. Il va par exemple :

- Faire en sorte qu'elle se torde la cheville en descendant du trottoir (ou toute blessure qui empêcherait de retourner au fitness).

- Ou encore, déclencher une gastro, un rhume, une rage de dents, etc.

- Agir sur sa capacité à s'organiser dans sa journée, afin qu'elle n'ait pas le temps de se rendre à ce cours : elle pourra, par exemple, prendre du retard dans son travail, etc.

- Agir sur sa concentration : la distraire pour qu'elle « oublie » l'heure, etc.

- Et si Mme Dupont est une jeune maman, son ou ses enfants vont faire en sorte « d'aider » maman. Ils vont multiplier les petits bobos, les petits problèmes de santé, etc.

Eh oui ! Vous l'avez compris, la « volonté » n'a rien à voir dans cette affaire. Alors, cessons de culpabiliser lorsque nos « bonnes résolutions » ne tiennent pas la distance.

On ne peut pas gagner « contre » le Cerveau Émotionnel. C'est lui qui tient notre vie entre ses « mains ». Et ceux qui vous disent le contraire ne savent pas que ce sont leurs Encodages personnels qui leur rendent la même situation « facile » et non leur « volonté ». Ne laisser personne vous culpabiliser !

Imaginez que notre Mme Dupont dispose d'un Encodage du type :

- Dépenser de l'argent = plaisir
- Ou encore douleur physique = plaisir.

Alors, bien entendu, son Cerveau Émotionnel s'opposera nettement moins à sa nouvelle activité. Puisque dans cette nouvelle activité, il répondra à un Encodage positif déjà présent. Il y aura donc « bénéfice », et ce « bénéfice » pourra compenser, au moins momentanément, le stress de la nouveauté. Le temps de créer une nouvelle habitude.[1]

Alors quelle solution pour notre Mme Dupont ?

Choisir une activité physique qui permet à son Cerveau Émotionnel de retrouver dans sa banque d'Encodages au moins un « Bénéfice » associé :

- Si elle aime danser, ou la musique : choisir plutôt la Zumba ou des cours de tango.
- Si elle aime se promener : choisir un club de randonnée.
- Si son élément est l'eau : choisir des cours d'aquagym, des cours de natation, du ski nautique, etc.
- De plus, le fait de pratiquer une nouvelle activité avec une amie, un ami, pourra permettre également d'apporter le « Bénéfice » compensatoire nécessaire.

1

[*] Reference : "*Paying Not to Go to the Gym*" (DellaVigna & Malmendier, 2006) publiée dans la revue académique American Economic Review.

Et si cela ne suffit pas, n'hésitez pas à consulter un Thérapeute EPRTH™ qui pourra désensibiliser les Encodages qui s'opposent au changement désiré.

- Votre Cerveau émotionnel veut vous protéger.
- Sa fonction est de vous maintenir en vie. Même si pour cela il doit vous tuer, ou vous donner envie de mourir.

VISION
DEVELOPMENT
IDEA
CONCEPT

C'est moi qui commande !

Bien qu'il ne soit pas intelligent, notre Cerveau Émotionnel peut – à tout moment – neutraliser notre Cortex, siège de notre intelligence et de notre volonté.

Pourquoi ?

Pour optimiser la réponse. C'est là un principe de base fondamental dans le monde du vivant. "*La nature* ne fait rien en vain"[2].

Exemple imagé :

Si je suis sur le bord d'un trottoir et qu'une voiture me fonce dessus. Si mon Cortex reste aux commandes de mes réactions, il analysera la vitesse de la voiture, les éventuelles possibilités, puis je penserai : « il faut que je m'écarte », etc. Tout cela prendra trop de temps pour me sauver la vie.

C'est pourquoi le Cerveau Émotionnel a la capacité de prendre les commandes, en dehors de notre volonté. Ce qui permet instinctivement de mobiliser nos muscles (dans cet exemple les muscles des jambes). Pour que nous nous écartions immédiatement. Que nous puissions fuir le danger. Cette réaction est alors immédiate et rapide. Bien plus qu'elle aurait pu l'être si le Cortex avait été aux commandes.

---

2 Aristote, Métaphysique

Normalement, dès que le danger est passé, le Cerveau Émotionnel rend toute sa liberté de contrôle au Cortex. Du moins, lorsque tout se passe bien. Parce que parfois, il ne perçoit pas que le danger est passé. Il ne perçoit pas que l'individu a survécu, et maintient l'alerte. C'est l'État post-traumatique (TSPT).

Or les réponses instinctives du Cerveau Émotionnel sont les mêmes que celles de tout animal, les mêmes que chez l'homme de Cro-Magnon. Elles sont de deux natures :

- La fuite : énergie dans les jambes
- La lutte : énergie dans les bras.

Et pour pouvoir disposer de ces regains d'énergie pour les bras et les jambes, le corps va devoir réduire l'énergie dans d'autres parties du corps :

- Moins d'énergie dans la sphère digestive. Il est inutile de s'occuper de digérer si une voiture me fonce dessus. Ce n'est pas la priorité.
- Il réprime les capteurs de sensibilité de la peau. Ce qui est également tout à fait adapté si, comme Cro-Magnon, je devais fuir à travers les ronces.

Cette réponse de fuite ou de lutte peut se mettre en place d'une seconde à l'autre, indépendamment de notre volonté. Même si notre volonté (Cortex) ne veut ni fuir ni lutter.

C'est d'ailleurs ce qui se passe lorsqu'un phobique est pris de panique. Il ne sert à rien de lui dire « prends sur toi ! », ou « ce n'est pas la petite bête qui va manger la grosse ! », etc. Le phobique, lorsqu'il est en panique, n'a pas accès au raisonnement (Cortex). Car tout son corps est pris en otage par son Cerveau Émotionnel, via ses hormones. Il s'agit d'une réaction instinctive biologique.

Exemple imagé :

Louis a acheté une superbe voiture avec toutes les options : intérieur cuir, sièges chauffants, caméra de recul, etc., et surtout, il a veillé à faire installer un système d'alarme antivol super performant. Le moindre malfrat qui voudrait voler son petit bijou serait immédiatement assommé par le hurlement d'une sirène à vous en crever les tympans.

Rassuré par ce système d'alarme, Louis s'autorise une sortie en ville. Un coup de chance, il trouve, presque du premier coup, une place de stationnement devant chez son coiffeur-barbier. Il se gare sans trop de difficultés, grâce à toutes les aides à la conduite dont il dispose, et verrouille les portières à l'aide de son bip. Ce qui enclenche automatiquement le système antivol. Louis peut aller se faire bichonner.

Monique est trop contente. Pour une fois, elle n'a pas loupé les soldes d'hiver chez Zara. Elle a fait chauffer la carte de crédit : manteau, boots avec 12 cm de talon, pulls, pantalons, robes, etc. Elle est chargée comme une mule. Elle est épuisée. Elle a mal aux pieds, et n'a pas le courage d'aller jusqu'au passage piéton pour traverser la rue et se rendre à l'arrêt du bus. Elle regarde à gauche, à droite, et traverse rapidement, encombrée par tous ses paquets. Or, lorsqu'elle arrive de l'autre côté de la rue, elle glisse et tape ses paquets dans le pare-chocs de la jolie berline de Louis. Le système d'alarme s'enclenche immédiatement, vrillant les oreilles de tout le voisinage.

Louis sort précipitamment de chez le barbier et arrête la sirène, sous les regards désapprobateurs des passants assommés par un tel vacarme.

Que s'est-il passé ?

- Même si l'intention de Monique n'a jamais été de voler la voiture de Louis, le signal d'alarme réglé sur un certain niveau de choc s'est enclenché automatiquement.

- Le système d'alarme s'est trompé. Mais comment lui en vouloir ? Il n'est pas intelligent, pas adaptable. Lorsque les circonstances apprises, programmées par le constructeur, comme étant dangereuses, sont présentes, il déclenche la sirène d'alarme. Il n'a pas le choix. C'est sa fonction.

C'est exactement ce qui se passe avec votre Cerveau Émotionnel ou le mien. Il n'est pas nécessaire que le danger soit réel pour qu'il enclenche son système d'alarme hormonal.

- Le Cerveau Émotionnel perçoit les événements de façon binaire : « danger de mort » ou « pas danger de mort ».
- Lorsqu'il perçoit qu'une situation est « danger de mort », même si objectivement (Cortex) ce n'est pas le cas, il va faire en sorte de vous y soustraire.

La cascade de la peur

Que se passe-t-il lorsque nous avons peur, lorsque nous stressons ?

Une cascade d'hormones :

L'amygdale demande à l'hypothalamus d'envoyer un message à l'hypophyse, laquelle met en jeu les glandes surrénales qui immédiatement vont secréter de l'adrénaline et de la noradrénaline, ainsi que d'autres hormones que l'on appelle glucocorticoïdes (notamment du cortisol). Tout l'organisme va se mettre en situation de combat ou de fuite :

- La tension artérielle s'élève,
- Le rythme cardiaque s'accélère et le sang afflue dans les muscles des membres (bras et jambes),
- Les processus digestifs sont momentanément interrompus,
- Les récepteurs de la douleur sont réprimés,

Cette situation "de crise" ne se désamorcera que lorsque le Cerveau Émotionnel percevra que le danger est passé, du moins lorsque le système est bien réglé.

Un mécanisme "abîmé", "sensibilisé" :

Normalement, dès que le danger est passé le système d'alarme de l'organisme se désactive et les taux d'hormones reviennent à la normale.

"Si le système est bien réglé, il se déclenche et se met en veilleuse selon que l'organisme a ou non besoin de lui. C'est lorsqu'il ne fonctionne pas correctement que la réponse au stress commence à fomenter des troubles dans le cerveau, ainsi que dans d'autres parties de l'organisme." [3]

- Normalement l'hippocampe va calmer la réaction du système d'alerte. Il indique ainsi à l'organisme la quantité d'hormones d'urgence déjà présente dans le sang et donne au thalamus l'ordre d'endiguer la cascade.

- Mais si l'amygdale (il ne s'agit pas des amygdales de la gorge), qui est dépourvue de raisonnement, ressent que le danger est toujours là, elle ordonne au thalamus de continuer à inonder l'organisme d'hormones. Or, si la cascade d'hormones se prolonge, cela finit par affecter de nombreux facteurs physiologiques et pathologiques. Cela finit notamment par affecter la fonction de l'hippocampe/amygdale (Cerveau Émotionnel).

- Cet état d'excitation permanente, d'hypervigilance, entraîne un stress chronique qui joue un rôle non négligeable dans la dépression, les phobies, TOC, les difficultés d'apprentissage, le trac, le manque de confiance en soi… ainsi que dans les problèmes "physiques" comme l'hypertension, les maladies cardiaques, les maladies à composante immunitaire allant de la polyarthrite rhumatoïde aux infections virales et même dans les cancers.

- D'autre part, des expérimentations en laboratoire menées sur l'animal ont démontré que le stress sévère prolongé a un effet dommageable sur les cellules de l'hippocampe, dont les dendrites (ces

---

3

Dr Mc Ewen.

"bras" qui reçoivent les signaux des cellules voisines) dépérissent, et une atrophie importante des structures cérébrales se fait jour.

La mise en place du circuit court de la peur. Le stress chronique :

Pour Ledoux[4], les troubles anxieux seraient dus à l'activation pathologique du circuit court de la peur.

Des traumatismes psychologiques très précoces marqueraient l'amygdale, et le circuit de la peur (Cerveau Émotionnel) pendant la maturation du cerveau. Ces perturbations seraient permanentes, car encodées en tant que références.

L'activation du Cerveau Émotionnel serait exagérée chez les sujets anxieux (Thomas et al, 2001) ou en état de dépression, de phobie sociale, de stress post-traumatique, etc.

Avec l'EPRTH™, nous vérifions tous les jours, auprès de nos patients, que ce ne sont pas uniquement les troubles dits « émotionnels » qui sont dus à ces Encodages traumatisants, mais également les troubles comportementaux et physiques.

4

Ledoux : Psychologue américain, professeur de sciences à l'Université de New York, directeur du Center for the Neuroscience of Fear and Anxiety (centre de neurosciences sur la peur et l'anxiété).

Conséquences du stress à long terme :

Des conséquences physiques, psychologiques/émotionnelles :

Lorsque le taux de cortisol remonte à des niveaux extrêmement dangereux, cela a des conséquences variables selon les individus, leurs bagages émotionnels de base et leur hérédité.

Ainsi, même si chacun dispose de sa propre façon de réagir au stress, à long terme on remarque des symptômes représentatifs de cet état :

- Accélération du rythme cardiaque,
- Élévation de la pression artérielle, hypertension et maladie des coronaires,
- Diabète, obésité, perte musculaire, ostéoporose, trouble de la thyroïde, infertilité,
- Modification des conduites alimentaires, comportements violents et agressifs, isolement social (repli sur soi, difficultés à coopérer), etc.
- Déséquilibre hormonal source d'un affaiblissement de la réponse immunitaire, d'où affaiblissement du système immunitaire avec pour conséquence une facilité plus grande à être contaminé par des germes pathogènes, à être victime d'un cancer ou d'une maladie auto-immune,
- Respiration plus rapide et incomplète entrainant une mauvaise oxygénation chronique,
- Fatigue et tension musculaire, particulièrement dans le dos (région lombaire) et le cou,

- Douleurs (coliques, maux de tête, douleurs musculaires, tendinites, etc.),
- Trouble du sommeil, de l'appétit et de la digestion, sensations d'essoufflement ou d'oppression, sueurs abondantes, etc.
- Hypersensibilité aux bruits, aux odeurs, au contact, irritabilité émotionnelle, anxiété, dépression, burn-out,
- Sensibilité et nervosité accrues, crises de larmes ou de nerfs, angoisses, excitation, tristesse, sensation de mal-être, etc.,
- Perturbation de la concentration nécessaire entraînant des erreurs et des oublis, difficultés à prendre des initiatives ou des décisions, difficultés à travailler en équipe, etc.,
- Souffrance cérébrale par atrophie de l'hippocampe, perturbant le libre flux de l'information et entraînant des troubles dans les processus de jugement et de prises de décision.

À leur début ces troubles sont rapidement réversibles, mais plus le problème tardera à être traité, plus il sera difficile de le faire. Des atrophies cérébrales pouvant se faire jour.

Des chercheurs de la Johns Hopkins University School of Medicine ont constaté que l'exposition chronique à une hormone du stress entraîne même des modifications de l'ADN. Ce qui à terme va entraîner des modifications sur l'hérédité que la personne transmettra à sa descendance.

On ne le répétera donc jamais trop : que le stress soit issu d'un traumatisme défini ou qu'il soit d'origine conjoncturelle (réponse à un Encodage immature) :

NON, ça ne passera pas !

NON, ce n'est pas parce que vous avez l'impression que vous arrivez à vous contrôler, que ça va réellement mieux !

Une dégradation même physique, même minime, du comportement, du sommeil, de la santé… peut être le signe d'un stress non "digéré" qu'il convient de traiter au plus tôt !

- La peur, le stress, et les réactions à ceux-ci sont biologiques. Il s'agit d'une cascade d'hormones qui peut (ou non) cesser, une fois le danger passé.

Est-ce que ça vous grattouille ou est-ce que ça vous chatouille ?

Le titre de ce chapitre fait bien entendu référence à la célèbre réplique de Louis Jouvet dans « Knock ». Comme nous l'avons vu plus tôt dans cet ouvrage, les mots ont pour chacun d'entre nous des valences, des références sensorielles toutes particulières.

Cet aspect est d'autant plus primordial que :

« Quand les hommes utilisent de l'information, ils consomment de l'attention. La fonction de l'émotion est de contrôler l'attention ».[5]

Ce qui revient à dire que :

- L'information que nous gardons de notre environnement **dépend de notre attention, au moment où nous recevons cette information.**
- Or, **c'est notre émotion du moment qui contrôle notre attention**. C'est elle qui va sélectionner ce que l'on va retenir, ou pas, de cette information.

5

Herbert Simon (1916-2001), prix Nobel d'économie et spécialiste de la psychologie cognitive.

Comprendre cela, c'est bien entendu comprendre pourquoi un enfant qui est pourtant naturellement programmé pour apprendre pourra ne rien mémoriser, ne rien apprendre en classe s'il n'est pas détendu. Car plus un élève est stressé par : les notes, les menaces du professeur, les ricanements des « camarades », les enjeux qui lui sont rabâchés au sujet de son avenir, etc., moins il sera disponible à l'apprentissage. Mais je reviendrai sur ce sujet dans le chapitre sur l'école.

Cela explique également combien il est difficile, après un incident, de récupérer les témoignages de ceux qui sont censés avoir assisté à la scène. Tout comme les policiers menant une enquête, les thérapeutes EPRTH™ connaissent bien ce phénomène. C'est pourquoi nous refusons de standardiser l'interprétation. Nous nous contentons de suivre le cheminement émotionnel de chaque patient, sans a priori. Même si l'événement en question est réputé collectif.

J'ai personnellement eu à traiter tout un orchestre qui avait vécu l'accident du car qui les transportait. Chacun d'entre eux avait vécu l'événement de façon, parfois même, totalement opposée, en fonction de son humeur au moment de l'accident (émotion à l'instant T) et de son centre d'attention à ce même instant. Il faut également comprendre que bien entendu cette combinaison est propre à chacun. Lors de ce même événement, chacun l'a vécu sous le filtre de ses Encodages passés. Ce qui n'a pas généré les mêmes conséquences, pas les mêmes pathologies, pour chacun d'entre eux.

Exemple imagé :

Prenons deux enfants (l'enfant A : 2 ans et l'enfant B : 5 ans) qui vivent habituellement dans un appartement avec leurs parents.

- Aujourd'hui, pour la première fois de leur vie, leurs parents les emmènent en pique-nique. Les parents étalent une grande couverture au milieu d'un pré, installent les enfants sur la couverture et commencent à sortir les victuailles du panier à pique-nique.

- Éclate alors une dispute entre les parents, au sujet d'un détail : il manque, par exemple, le tire-bouchon.

- L'enfant A : 2 ans, perçoit la culpabilité de sa mère (la personne la plus importante pour lui à cet âge de son développement[6]). L'enfant B : 5 ans, perçoit surtout la colère de son père (la personne la plus importante pour lui à cet âge de son développement[7]).

  Chacun des enfants, grâce à ses neurones miroir, va se mettre au diapason de son référent :

  - L'enfant A va ressentir une émotion de culpabilité.
  - L'enfant B va ressentir de la colère.

- Ces deux états émotionnels distincts, pour un même événement, vont « filtrer » et charger l'attention qui était celle de chaque enfant, au moment de

---

6 Voir chapitre « À moi la mamelle »

7 Voir chapitre « Où t'es papa, où t'es ».

l'événement. Choisissons qu'à ce moment-là, par exemple :

- L'enfant A : 2 ans, suçotait un petit bout de baguette de pain que sa mère lui avait donné, le temps d'installer le pique-nique.

- L'enfant B : 5 ans, était en train de suivre du regard une fourmi qui avançait sur un brin d'herbe.

Ce qui pourrait donner, par exemple, les Encodages suivants :

- Pour l'enfant A : Pain dans la bouche (activation de la sphère digestive) + pique-nique + être dehors = culpabilité.

- Pour l'enfant B : herbe, insecte (activation de la sphère visuelle) + pique-nique + être dehors = colère.

Les combinaisons possibles sont infinies, en fonction de l'attention de chacun au moment de l'incident.

- Ainsi, si l'enfant B ne regardait pas la fourmi, mais touchait l'herbe ou encore regardait les nuages, etc., sans compter tous les stimuli connexes, tels que : les odeurs (herbe, nourriture, parfum des uns et des autres, peut-être un feu de bois au loin, etc.).

- Et si l'enfant A avait à ce moment précis une diarrhée due au lait du matin, etc.

On pourra, des années plus tard, alors qu'ils sont l'un et l'autre devenus adultes recevoir :

- L'enfant A pour, par exemple : des problèmes d'allergie au gluten (le pain dans la bouche), des troubles alimentaires. Ou encore, une tendance à la boulimie, avec prise de laxatif (rappel de la diarrhée), etc.

- L'enfant B pour, par exemple : une phobie des insectes (rappel de la fourmi), une allergie à l'herbe, de l'agoraphobie (rappel des nuages, du fait d'être hors de la maison), etc.

Cela, sans compter qu'entre-temps chacun de ces enfants devenus adultes, au cours de son évolution, aura certainement renforcé le trauma, en le combinant à d'autres circonstances, à d'autres stimuli sensoriels.

Alors, comment voudriez-vous pouvoir poser un diagnostic, ou décider d'une seule et même interprétation, pour un même trouble chez différents individus ? <u>Ce n'est pas possible</u>.

- Il n'existe pas une seule et même réalité, pour 2 individus distincts.
- La réalité est fonction de l'attention portée à l'événement au moment où on le vit, sous le filtre des Encodages individuels.
- L'attention est contrôlée par l'émotion.

Docteur Freud

Précurseur lorsqu'il affirmait que le physique pouvait avoir un lien avec les dimensions émotionnelles et mentales de l'être humain, Sigmund Freud nous a appris à regarder nos comportements inconscients sur un mode interprétatif. Mais c'est son élève Wilhelm Reich, précurseur de toutes les thérapies d'orientation psychocorporelles, qui a établi un lien réel entre psychologie et physiologie, poursuivant son travail sur la biologie des pulsions et sur l'inscription des névroses dans le corps physique.

Interprétation des rêves, « actes manqués », lapsus, en développant la Psychanalyse, Freud mit à jour nos pulsions refoulées, qui étaient pour lui issues de ce magma « refoulé » par notre conscience, l'inconscient qui nous piloterait dans l'ombre.

Il ne fut cependant pas le premier à affirmer que notre volonté seule ne guide pas nos vies. On en retrouve l'affirmation dès le 4ème siècle dans le Talmud, ou encore au 18ème siècle dans différents textes philosophiques.

Comment aurait-il pu en être autrement ? Qui ne comprendrait pas que notre conscience seule ne peut expliquer nos comportements répétitifs, surtout lorsque ceux-ci sont autant à l'opposé de notre volonté et de nos intérêts ? Reconnaissez-le, on fait souvent les mêmes erreurs. Même lorsqu'on est persuadé, au début, de ne pas s'y prendre de la même façon, le résultat est souvent le même.

L'EPRTH™ une conception de « l'Inconscient » sans interprétation :

Comme nous l'avons vu, notre cerveau s'occupe non seulement de nos pensées intelligentes (enfin, pas toujours, mais en tout cas de nos pensées conscientes), de notre volonté, mais aussi de notre biologie, y compris nos hormones.

<u>Cependant ce ne sont pas les mêmes neurones qui font le travail. Nous avons :</u>

- Le Cortex (ou Néocortex) qui est la sphère de notre intelligence, de nos pensées articulées. Un cerveau que l'on peut contrôler. Il est notre conscient.

- Le Cerveau Émotionnel qui gère notre biologie. Un cerveau qui travaille en dehors de notre volonté. Il serait notre « Inconscient ».

Alors comment travaille cet « Inconscient » ? Est-il mû par une volonté malsaine, perverse ou encore destructrice ?

Pas du tout.

Cette volonté de notre « Inconscient biologique » est de nous permettre de survivre. Ce qui pour le Cerveau Émotionnel signifie : survivre pour pouvoir nous reproduire, et ainsi permettre à la race humaine de perdurer.

- Peu lui importe que nous soyons « heureux ».

- Il n'a rien à faire de ce concept totalement abstrait pour lui : « se réaliser ».

- Il ne comprend rien à nos « grandes aspirations d'être humain du 21ème siècle ».

- Tout au contraire, nos envies conscientes qui changent au gré des modes (plus gros, plus mince, plus ou moins actif, envies d'autre chose…), tout cela le stresse, car il a horreur du changement. D'ailleurs quand on le stresse trop, il tire la couverture à lui :

    - Au moment même où vous décidez de vous mettre au régime pour pouvoir rentrer dans votre maillot de bain de l'été prochain, il panique, car pour lui cela signifie « rationnement ». Ce qui implique un changement dans l'énergie quotidienne disponible. Alors, il fait surgir une envie de chocolat, et si vous vous obstinez, il peut déclencher une maladie ou une pulsion, un trouble alimentaire, afin que ces idées de changement d'approvisionnement cessent immédiatement.

Et il fera de même pour toute décision de changement :

- Vous voulez partir en voyage, et vous voilà grippé(e).
- Vous voulez commencer à faire du sport, et voilà la fatigue, ou la foulure malencontreuse.
- Vous voulez que votre prochain petit copain soit différent de tous ceux qui l'ont précédé, qu'il vous reste fidèle, et pourtant vous tomberez totalement « en amour » du seul garçon (de la seule fille) du groupe qui est un(e) coureur(se) fini(e). Alors même que juste à côté de vous, votre meilleur(e) ami est prêt(e) à vous aimer jusqu'à votre dernier

souffle. Mais il (elle) vous laisse indifférent(e).

Car notre Cerveau Émotionnel, notre « Inconscient biologique » ne nous veut pas de mal. Il veut juste faire son job.

Il n'est donc question ici que d'ENCODAGES.

Qu'est-ce qu'un Encodage ?

Le Cerveau Émotionnel perçoit notre vie, notre environnement, les événements de notre existence grâce à nos cinq sens : La vue, le goût, l'ouïe, l'odorat, le toucher.

Il n'a que cela pour percevoir ce qui survient dans notre quotidien.

Car comment peut-il optimiser son temps de réactivité au fur et à mesure que nous grandissons ? **En encodant**. C'est-à-dire en opérant un « classement sensoriel » de chaque nouvelle situation[8].

Ainsi lorsqu'une situation nouvelle survient dans notre vie, notre Cerveau émotionnel va repérer les différents paramètres sensoriels de cet événement, leur combinaison spécifique, ce qui va constituer pour lui « l'empreinte sensorielle » de cet événement. Il va également, dans le même temps, accoler cette empreinte sensorielle avec le « ressenti vécu » lors de cette nouvelle situation, et cela constituera – pour lui - « l'Encodage » de référence à toute situation perçue par lui comme analogue.

8

Voir chapitre « Trier les chaussettes »

L'Encodage = les perceptions sensorielles + l'émotion de la première fois.

À partir de cela, on peut dire que pour le Cerveau Émotionnel : si une situation ressemble d'un point de vue sensoriel à l'Encodage, alors pour lui, c'est la même chose. Peu importe que cela soit le cas ou pas, il déclenchera la même réaction biologique. Ce qui donnera la même réaction émotionnelle.

Exemple imagé :

Imaginons qu'aujourd'hui je viens de recevoir un tout nouveau classeur à tiroirs pour ranger mes papiers.

Je décide donc de commencer par mettre en place des dossiers de couleur, afin de me faciliter les choses lorsque je recevrai un nouveau document.

Par exemple : Vert pour les factures de nourriture ; Bleu clair pour l'électricité ; Gris pour le Transport ; Jaune pour les vacances ; Blanc pour les papiers de la famille ; Rouge pour les impôts ; Marron pour le bail, et comme je n'ai qu'un nombre limité de dossiers de couleur, je m'arrête là.

Une semaine plus tard, je reçois une quittance de loyer : je la range dans le dossier Marron.

Une semaine encore, et je reçois mon avis d'imposition : je le range dans le dossier Rouge.

Tout se passe bien, jusqu'au jour où je reçois une facture d'eau. Ce qui me pose un problème de rangement, car je n'ai pas prévu de dossier pour l'eau. Où la ranger ? Je considère le document et je remarque que le logo est bleu clair, comme c'est le cas pour la facture d'électricité. Je décide donc de ranger cette facture d'eau dans le dossier bleu clair, celui normalement réservé à l'électricité.

Pourtant d'un point de vue « Intelligent », il est évident que l'eau et l'électricité ne font pas bon ménage. Si vous touchez une prise électrique alors que vous avez de l'eau sur les mains, vous ne vous en remettrez pas.

Voilà, c'est ainsi que procède notre Cerveau Émotionnel : il classe, il range, au mieux de ses Encodages. Encodages basés d'un point de vue sensoriel.

Il est également très important de comprendre que lorsqu'un Encodage est attribué et fixé pour une situation donnée :

- Jamais votre Cerveau Émotionnel n'en changera spontanément.
- Jamais vous ne pourrez le modifier par la volonté.

Même si au fil du temps, votre Cerveau intelligent (Cortex) vous permet de mieux connaître, de comprendre, d'accepter les différentes situations de la vie, de savoir ce que vous voulez faire de votre vie, ce qui est dangereux ou bon pour vous, JAMAIS votre Cerveau Émotionnel ne changera ses Encodages. Bien au contraire, il fera en sorte que vous reproduisiez les mêmes situations, afin de confirmer l'Encodage appris et fixé lors de la première rencontre avec une situation qui pour lui est similaire.

Seul l'EPRTH™ permettra de « rafraîchir », de mettre en cohérence, les Encodages présents dans votre Cerveau Émotionnel avec ceux désormais présents dans votre Cortex.

Vous serez ainsi définitivement débarrassé de ces Encodages immatures qui vous clouent au sol, et vous empêchent de vous épanouir pleinement, voire même qui vous font souffrir moralement et/ou physiquement au quotidien.

- Notre Inconscient est biologique. C'est notre Cerveau Émotionnel.
- Le Cerveau Émotionnel se fait une perception sensorielle de ce qui est bon pour nous, indépendamment de la réalité objective.
- L'EPRTH™ permet de nous débarrasser définitivement des Encodages immatures qui nous nuisent.

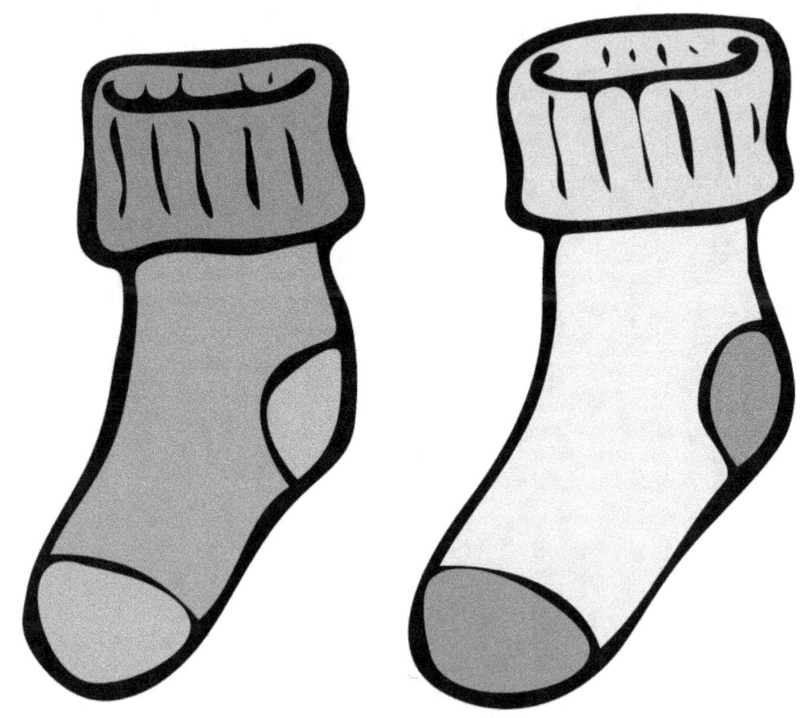

Trier les chaussettes

Voilà une activité que chacun d'entre nous connaît. Du moins si vous lavez vos affaires à la machine à laver, et si vous portez des chaussettes. De lessive en lessive, les chaussettes, chacune dans son coin, s'entassent dans le fond de la panière du linge à ranger. Puis vient le jour où, à cours de chaussettes, il faut les trier et les assembler par paires.

Or pour former une paire, vous devez « associer » une chaussette avec ce qui vous semble être son double. Vous prenez alors une première chaussette, vous la jaugez, vous en remarquez les caractéristiques : couleur, motifs, texture, longueur. Puis vous jetez rapidement un coup d'œil aux chaussettes à votre disposition, et sélectionnez celle qui lui ressemble le plus, pour enfin former une paire. Ensuite, vous passez à la suivante, pour former une nouvelle paire, et ainsi de suite jusqu'à ce qu'il ne reste plus de chaussette dans la panière.

C'est exactement ce que notre Cerveau Émotionnel fait pour pouvoir décrypter les événements de votre vie.

- Le coup d'œil que vous avez donné à la seconde chaussette, afin de déterminer si elle pourrait former la paire avec celle que vous avez déjà en main, est équivalent à la recherche <u>sensorielle</u> que votre Cerveau Émotionnel va effectuer à chaque moment de votre vie. Grâce à sa « mémoire associative », via vos cinq sens, votre Cerveau Émotionnel va chercher des points communs, <u>sensoriels</u>, avec ce qu'il connaît, ses Encodages[9]. Toujours dans le but de préserver votre vie.

Mais revenons à nos paires de chaussettes. Je ne sais pas vous, mais en ce qui me concerne, il arrive que je me trompe, et que j'associe deux chaussettes qui certes se ressemblent, mais ne forment pas une paire parfaite : Une bleue marine avec une noire, une chaussette blanche de pointure 45 d'un de mes fils, avec une des miennes qui fait seulement du 39, mais blanche elle aussi, etc.

C'est ce qui arrive à votre Cerveau Émotionnel. Il arrive qu'il se « trompe » et qu'il associe une situation avec une autre, bien que celles-ci ne soient pas objectivement les mêmes. Il le fait parce qu'il perçoit qu'elles se ressemblent. Ou du moins que certains stimuli sensoriels sont équivalents pour lui. Et la raison, le raisonnement (Cortex), ne pourra rien y faire. S'il « perçoit » que cette situation « ressemble » d'un point de vue sensoriel, à une expérience vécue de façon désagréable dans votre passé, votre Cerveau Émotionnel déclenche immédiatement le signal d'alarme, et la cascade d'hormones nécessaire à la fuite ou à la lutte. Toujours dans le but de préserver votre vie.

Exemple imagé :

---

9 Voir chapitre : « Chaud ou Chaud ? »

Henri rentre de son travail avec sa voiture. Il pleut. Il y a un gros orage comme rarement. C'est même la première fois qu'il est en voiture par un temps pareil.

Or, à un croisement, une camionnette de livraison ne respecte pas la priorité, et vient percuter violemment la voiture d'Henri qui est gravement blessé.

Fort heureusement, Henri est conduit à temps à l'hôpital. Il subit une opération et s'en sort. Encore quelques mois de rééducation, et il se remet totalement. Du moins apparemment.

Mais 1 mois, 1 an, 10 ans plus tard, Henri est tranquillement assis dans son salon, occupé à regarder un film à la télévision, ou à lire. Dehors un orage éclate, et tout à coup, son cœur se met à battre très fort, la peur lui étreint la gorge, ses jambes et ses mains tremblent. Henri est pris de panique. Il a l'impression (Cerveau Émotionnel) qu'il va mourir, et rien ne semble pouvoir le calmer.

Pourquoi ? On peut penser, surtout si plusieurs années se sont écoulées depuis l'accident, qu'Henri a rencontré d'autres orages. Alors pourquoi celui-là ? Vraisemblablement parce qu'à ce moment précis, bien qu'il soit dans son salon, une combinaison des différents stimuli spécifiques est réunie pour la première fois, depuis l'accident. On peut imaginer qu'un bruit de moteur, en provenance de la télévision ou d'ailleurs s'est combiné avec un certain taux d'humidité, le tonnerre a retenti à l'instant précis où passait à la télévision une musique, la même que dans la voiture ce jour-là. Les combinaisons sont infinies, et propres à Henri.

En tant que Thérapeute EPRTH™, je n'aurai pas à « deviner » ni à déduire cette combinaison sensorielle. Je me contenterai de ramener Henri au moment précis du début de la panique, et c'est lui qui ressentira, et éventuellement me dira, la combinaison sensorielle qui se sera réactivée.

Avez-vous remarqué que si on a trop attendu avant de trier les chaussettes, il reste toujours au fond de la panière une chaussette orpheline, dont on ne sait pas quoi faire. On ne va pas la jeter. On se dit que tôt ou tard, la seconde partie de la paire devrait refaire surface, et on la met comme ça toute seule dans le tiroir, en attente de futures retrouvailles.

Votre Cerveau Émotionnel fait de même. Lorsqu'il ne trouve pas dans sa banque de références sensorielles une situation relativement équivalente, il va garder ce nouvel « Encodage », cette nouvelle référence, dans un coin de sa mémoire associative, dans l'attente d'un renforcement possible, avec une prochaine expérience qui confirmera l'information. Cette information sensorielle peut rester de nombreuses années en attente, prête à se réactiver dès que cela sera possible. Toujours dans le but de préserver votre vie.

<u>Exemple concret :</u>

Hugo est un homme de 37 ans qui souffre d'une grave dépression depuis environ cinq ans. Lors de l'anamnèse, il apparait que cet état dépressif a surgi dans sa vie de façon soudaine. « Du jour au lendemain » me dit-il. Je l'interroge sur le « jour au lendemain » en question. En voici le détail :

- Hugo travaillait depuis 7 ans dans une entreprise où il se plaisait beaucoup.
- Marié, père d'une petite fille, il semblait mener une vie qui lui convenait.

- Un vendredi en fin d'après-midi, vers 17h, au moment où il allait rentrer chez lui, son patron le fait appeler dans son bureau.

- Son patron lui dit ceci : « Je suis très content de votre travail, à partir de lundi, vous êtes promu, vous récupérerez le grand bureau. Félicitation ! », et il lui serre la main chaleureusement.

- Hugo rentre chez lui, se couche, et dès cet instant il entre dans une grave dépression. Si grave qu'il ne puisse plus jamais reprendre son travail. Lorsqu'il vient me consulter pour la première fois, il n'a pas repris le travail depuis cinq ans, et est indemnisé par l'AI[10].

Selon le protocole EPRTH™, je ne cherche ni une explication, ni même à interpréter. Nous passons en zone de traitement, et je traite cet événement particulier.

Très rapidement, et spontanément, un souvenir remonte, provoquant une décharge émotionnelle que je traite entièrement.

Quel souvenir était remonté ?

- Hugo a 8 ans.

10

L'AI, est une pension attribuée par l'état suisse, aux personnes gravement handicapées. Handicapés physiques, psychologiques ou mentaux.

- C’est une fin de journée (peut-être un vendredi). Il est environ 17h.
- Il est à l’école, et sa maîtresse lui demande de rester quelques instants.
- Elle lui dit qu’elle est très contente de son travail. Qu’il a fait beaucoup d’efforts, et que désormais c’est lui qui aura la charge d’effacer le tableau le soir. Ce qui est une promotion. Elle lui remet également un bon point.
- Le gamin, fier de lui, rentre chez lui, son bon point à la main.
- Il arrive chez lui, et trouve sa mère en larmes. Sa grand-mère est morte. Hugo adorait sa grand-mère.

Que s’est-il passé ? Pourquoi cet événement vieux de plus de vingt-cinq ans a-t-il plongé Hugo brusquement dans un tel état de dépression ?

<u>8 ans :</u> Fin d’après-midi + Promotion + Le bon point dans la main = Mort de la grand-mère.

<u>32 ans :</u> Fin d’après-midi + Promotion + Poignée de main de félicitation. → Le Cerveau Émotionnel fait le rapprochement avec la première fois où il a rencontré cette combinaison sensorielle. Il croit ou plutôt il perçoit qu’un proche aimé va mourir. Il déclenche l’état dépressif (fuite) qui n’est autre que la remontée de l’immense tristesse qui avait submergé le petit Hugo à 8 ans.

Il n’y avait aucune intelligence (Cortex) dans cette affaire. Hugo ne s’est pas dit : « Tient ça ressemble vaguement au jour où ma grand-mère est morte. ». Il y a juste eu réactivation de la mémoire sensorielle (Cerveau

Émotionnel) de façon « automatique » et immédiate. Toujours dans le but de préserver la vie.

Hugo ne pouvait pas se raisonner (Cortex). Seul le traitement EPRTH™ en mettant en cohérence les informations présentent dans le Cerveau Émotionnel d'Hugo : Fin d'après-midi + Promotion + stimulation de la main, avec les informations intelligentes présentent dans son Cortex : Une promotion professionnelle est une bonne chose, source de plaisir, sans danger, pouvait permettre de former une nouvelle paire de chaussettes, un nouvel Encodage qui désormais remplaçait le précédent.

Je n'ai vu Hugo que deux fois. Il n'avait plus besoin de moi. Il a pu reprendre une vie professionnelle et familiale épanouissante.

- Un Encodage est mis en place par le Cerveau Émotionnel <u>chaque fois</u> que nous vivons une nouvelle situation (inédite).

- Cet Encodage est composé des différentes perceptions <u>sensorielles</u> disponibles (activées) lors de cette situation + des émotions traversées lors de cette même situation.

- Un Encodage, même très ancien, peut se réactiver à tout moment, lorsque la combinaison des paramètres sensoriels est équivalente.

Chaud ou Chaud ?

<u>Exemple imagé</u> :

Nicolas est né dans le nord de la France. C'était un bébé aventurier, et parfois ça lui a valu certains problèmes délicats, voire douloureux. Quand il eut 16 mois, alors qu'il faisait ses premiers pas, un jour, il s'est raccroché au montant du radiateur, et s'est brulé les paumes des mains. Sa maman s'est alors précipitée et a crié : « Oh mon dieu, mon dieu, c'est chaud, c'est chaud ». Puis elle lui a passé rapidement l'intérieur des mains sous l'eau froide - comme elle avait lu quelque part qu'il fallait faire en cas de brûlure – puis s'était précipitée à l'hôpital le plus proche pour que soient prodigués les soins appropriés. Un premier médecin l'avait ausculté, puis passé à une infirmière qui lui avait appliqué une pommade, ce qui lui avait fait mal, puis un infirmier lui avait enroulé un bandage, alors que l'enfant pleurait de douleur, et que sa mère n'arrêtait pas de pleurer d'inquiétude.

Laurent est né en Corse. C'était un petit bébé fragile. Alors sa maman, plutôt protectrice, n'avait pas voulu le laisser sortir dans le jardin. Mais, lorsqu'il eut 16 mois, elle l'emmena pour la toute première fois à la plage, en compagnie de toute la famille. C'était un joyeux brouhaha sur cette plage, et sa maman en le prenant dans ses bras lui avait dit : « Tu as vu mon ange, comme c'est bon quand il fait chaud ». Puis, elle l'avait pris par la main et l'avait emmené là où le sable devient humide, puis à la naissance de l'eau fraîche dont elle lui avait versé quelques gouttes dans la paume des mains. Ensuite, il s'était précipité dans les bras des autres membres de sa famille pour une après-midi de bonheur familial.

Voilà. Tout est dit. Peu importe que Nicolas et Laurent existent ou pas. Cela nous permet de voir que derrière un seul et même mot, ici le mot « Chaud », il a pour chacun d'entre nous des références, des Encodages, totalement différents.

En effet, comme nous l'avons vu dans le chapitre « Chacun pour soi », le langage est le domaine du Cortex, mais la Valence, le « climat » lié à chaque mot est fonction de la première fois où nous l'avons rencontré dans notre vie, et c'est là le domaine du Cerveau Émotionnel. Cette Valence, cette « couleur sensorielle » ne pourra pas changer. Cette mémoire associative est propre à chacun d'entre nous. Il n'y a pas deux personnes semblables dans leurs Encodages émotionnels. C'est impossible. Même de vrais jumeaux n'ont pas les mêmes Encodages[11].

Maintenant, imaginons qu'un jour Laurent et Nicolas se rencontrent, et qu'à un moment de la conversation arrive le mot « Chaud ». Que pensez-vous que chacun d'entre eux va ressentir ?

Pour Nicolas « Chaud » = Douleur + maman qui crie + maman qui réconforte + de l'eau froide qui calme + les bruits de l'hôpital + douleur du soin + inquiétude.

11

Dès la naissance, les jumeaux vont fixer des Encodages différents. Ainsi le premier à naître sera « accueilli » par sa mère et l'équipe soignante d'une façon différente que son frère (sœur). On remarquera d'ailleurs que, la plupart du temps, le premier sorti présentera un caractère heureux et sociable.

Alors que le second qui aura « débarqué » pendant que l'équipe soignante et la maman étaient déjà occupées développera souvent un caractère coléreux, ou avec une tendance à se plaindre tout le temps.

Pour Laurent « Chaud » = Être dans les bras de maman + le soleil d'été + la plage, le sable + l'eau de mer qui picote dans les paumes des mains + Le joyeux brouhaha d'une famille réunie.

Je ne parle que d'un et unique mot ! Or chacun des mots que nous connaissons répond à la même règle. C'est donc un miracle que nous parvenions à « communiquer » avec nos semblables. En fait cette « communication » n'est que très relative, et c'est surtout via la communication non verbale que nous parvenons à saisir l'essentiel de ce que l'Autre veut nous dire.

La posture corporelle, les mimiques involontaires sur notre visage, les modulations de notre voix, et même l'odeur que nous dégageons, via nos hormones : tout cela forme notre communication non verbale. Or cette communication-là ne relève pas du tout du Cortex, mais bien du Cerveau Émotionnel ; notre animalité, notre instinct.

J'ai l'habitude de dire à mes élèves en EPRTH™ : si lors de votre toute première rencontre avec une personne, il y a quelque chose qui ne vous plaît pas, passez votre chemin. N'insistez pas. Car tôt ou tard cette personne-là vous nuira d'une façon ou d'une autre. Votre instinct le sait.

Or que faisons-nous, la plupart du temps ? On se raisonne (Cortex). On se dit : « C'est une personne méritante », « il a de très bons diplômes », etc… FOUTAISE ! Écoutez votre instinct. Votre instinct ne se trompe jamais.

Mais ce qu'il faut bien intégrer, c'est qu'il ne se trompe jamais POUR VOUS. En fonction de vos Encodages. Or vos Encodages peuvent relever d'un traumatisme – comme pour Nicolas, ou même pour Laurent. En effet son Encodage vis-à-vis de ce mot est idyllique. Or vous et moi, nous savons que « Chaud » n'est pas toujours positif.

Comme le dit la chanson, même le soleil n'est ni bon ni mauvais. Il y a celui qui bronze et celui qui brûle.

C'est bien pourquoi l'EPRTH™ ne traite pas via un entretien psychothérapique, mais via le ressenti, via le corps, les réactions du corps de chacun. Sans jamais poser un diagnostic, ni formuler un avis. C'est d'ailleurs ce qui rend ce travail si passionnant. Un vrai travail d'équipe avec le patient. Même si, dans la semaine, je dois traiter dix personnes présentant les mêmes symptômes. Je sais que chacun de ces Cerveaux Émotionnels va emprunter un chemin qui lui est propre, et que je dois rester en retrait. Me contenter d'être juste la facilitatrice - grâce au protocole particulier de l'EPRTH™ - et non imposer des réponses toutes faites. Faute de quoi le travail ne pourrait pas se faire en profondeur.

- Nous avons l'illusion de communiquer avec les autres, mais cette communication verbale, consciente, est très incomplète.

- Notre communication avec l'extérieur, avec les autres, est avant tout non verbale, et ce sont nos Cerveaux émotionnels qui reçoivent cette communication et interagissent en fonction.

- Or cette communication non verbale s'est encodée inconsciemment à une période immature de notre vie, dès notre naissance.

Le distributeur automatique

Quel bonheur ! Votre patron s'est enfin décidé à installer un distributeur de boissons dans la zone détente de votre entreprise. Et comme c'est un bon patron, il a choisi de faire installer un distributeur très performant. Une de ces machines qui va se rappeler de vous et de vos gouts, afin de pouvoir vous satisfaire toujours plus vite, toujours mieux, afin d'optimiser la réponse à votre demande.

1er jour : 10 h, l'heure de votre pause. Vous vous rendez dans la zone détente, vous mettez un jeton dans la fente de l'appareil, et vous appuyez sur « café au lait sucré ».

- La machine vous délivre votre café au lait sucré en **8 secondes**.

2ème jour : 10 h, l'heure de votre pause. Vous vous rendez dans la zone détente. Vous mettez un jeton dans la fente de l'appareil. La machine reconnaît l'heure, votre façon d'enfiler votre jeton, la chaleur de vos doigts sur la pièce, etc. Vous appuyez sur « café au lait sucré ».

- La machine vous délivre votre café au lait sucré en **6 secondes**.

3ème jour : 10 h, l'heure de votre pause. Vous vous rendez dans la zone détente. Vous mettez un jeton dans la fente de l'appareil. La machine reconnaît l'heure, votre façon d'enfiler votre jeton, etc. Vous appuyez sur « café au lait sucré ».

- La machine vous délivre votre café au lait sucré en **4 secondes**.

4ème jour : 10 h, l'heure de votre pause. Vous vous rendez dans la zone détente, vous mettez un jeton dans la fente de l'appareil, mais comme vous êtes un peu nauséeux depuis la veille, vous décidez de ne pas prendre de café au lait sucré, mais de choisir quelque chose de plus léger. Vous appuyez sur la touche « tisane ».

- La machine vous délivre… un café au lait sucré en **2 secondes**.

Pourquoi ?

Parce que ce distributeur n'a pas de Cortex, il ne réfléchit pas, il n'adaptera pas sa réponse. Dès lors où vous avez confirmé à plusieurs reprises votre choix, la machine va avoir « encodé » ce choix comme étant la réponse. Dès lors, elle va toujours chercher à « Optimiser sa réponse ». C'est-à-dire qu'elle va chercher à répondre encore plus vite, toujours plus vite, à ce qu'elle perçoit comme étant la réponse adaptée pour vous. Arrivera un jour, où il suffira que vous franchissiez la porte de la zone détente pour qu'elle distribue un café au lait sucré à votre intention.

Il en est de même pour votre Cerveau Émotionnel. S'il vous fait tomber malade, s'il vous amène à toujours choisir le mauvais partenaire, à être un joueur compulsif, etc. C'est qu'à un moment de votre existence, il a « encodé », il a appris que c'était LA bonne, LA seule réponse possible pour vous maintenir en vie (Cerveau Émotionnel). Et cela même si cette situation vous donne envie de mourir (Cortex).

Exemple imagé :

- Une jeune fille nait dans une famille où le père boit, et lorsqu'il a bu, il frappe la mère.

- Arrivée à l'âge d'une jeune adulte, la jeune fille se dit consciemment (Cortex) qu'elle ne veut pas d'un homme tel que son père. Elle veut trouver, et garder, un copain gentil, sobre et travailleur.

- Mais cette jeune fille est en âge de procréer. Or « Se reproduire » est la pulsion de base. Lorsqu'elle se rendra au bal du village, où se trouveront des dizaines de jeunes gens de son âge, elle va d'instinct (Cerveau Émotionnel) sélectionner, tomber amoureuse, de celui qui peut réactiver la famille qu'elle a « apprise ». Et cela même si, au moment de leur rencontre, le jeune homme ne boit pas, ou n'est pas violent.

Pourquoi ?

- Parce que le Cerveau Émotionnel n'aime que ce qu'il connaît.

- Il ne peut pas créer. Il se contente de chercher dans sa banque d'informations sensorielles, et de faire en sorte de reproduire l'expérience.

Peut-être que ce jeune homme ne deviendra pas alcoolique. Mais, il est certain que le Cerveau Émotionnel de la jeune fille l'aura sélectionné pour son potentiel à reproduire l'ambiance familiale apprise.

- Elle est en âge de se reproduire, donc de former famille. Son Cerveau Émotionnel a fait en sorte de lui « resservir » l'ambiance la plus marquante pour elle.

Attention ! Reproduire « l'ambiance la plus marquante pour elle » ne signifie pas forcément ce qu'on pourrait imaginer de cette ambiance. Tout dépend des circonstances (sensorielles) auxquelles la jeune fille a été confrontée. Par exemple :

- Peut-être que son père battait sa mère lorsque la petite fille (devenue jeune fille) était absente. Alors ce ne sont pas les coups, la violence physique, que la jeune fille a encodée en tant que référence au couple. Mais peut-être uniquement une mère qui pleure dans la cuisine et un père qui dort sur le canapé du salon.

- Peut-être que son père buvait uniquement en dehors de la maison, et rentrait tard. Amenant sa mère frustrée et en colère à tenir des propos dégradants au sujet de son époux, devant sa fille. Et c'est peut-être plutôt cela que le Cerveau Émotionnel de la jeune fille aura encodé, en tant que référence à la famille. Son futur époux sera donc peut-être un travailleur acharné, ou un coureur de jupons qui rentrera tard, frustrant sa femme qui tiendra devant son enfant des propos dégradants au sujet de son époux.

N'oublions pas que tout n'est que mémoire sensorielle et réactivation d'Encodages sensoriels pour le Cerveau Émotionnel.

<u>Exemple concret :</u>

Luc est un homme de 50 ans. Quand il vient me consulter sur Neuchâtel (Suisse), il est au bout du rouleau. Il ose à peine me dire ce qui l'amène, et commence par me parler de sa perte d'emploi, précisant que ça l'affecte beaucoup.

Je décide donc, lors de cette première consultation, de traiter cette perte d'emploi consécutive à la faillite de l'entreprise. En fin de séance, il semble soulagé, mais me dit qu'il veut revenir, car son cas est bien plus compliqué.

Je le reçois une seconde fois, trois semaines plus tard, selon le protocole EPRTH™. Et c'est là qu'il m'avoue que c'est la cinquième entreprise dans laquelle il travaille, et qui met la clef sous la porte, seulement cinq mois et une semaine après son arrivée dans l'établissement. À un point tel qu'il finit par penser qu'on lui a jeté un sort. D'ailleurs il m'avoue, un peu gêné, qu'il y a quelques mois, après son quatrième licenciement, il a consulté une personne censée le désenvoûter. De toute évidence, cela n'a pas fonctionné.

Je m'assure dans un premier temps que mon patient n'a pas lui-même été la source de ces faillites. Ce qui aurait pu se faire à son insu, via un Encodage ou un autre. Mais Luc est un employé de bureau, sans aucune responsabilité. Je décide donc de traiter chaque licenciement, du plus récent au plus ancien. Le plus ancien faisant spontanément écho, pendant le traitement, à un déménagement douloureux lorsqu'il avait 10 ans.

Que s'était-il passé dans le Cerveau Émotionnel de Luc ?

Lorsqu'à 10 ans ses parents avaient décidé, de quitter le Valais pour le Canton de Neuchâtel, à la suite de la mutation de son père. Luc s'était retrouvé bien triste, car avec ce déménagement il perdait ses copains, son école en cours d'année (cinq mois et une semaine après la rentrée), la maison de son enfance, la proximité avec ses grands-parents, etc. Mais ce déménagement n'avait pas eu que des désavantages, car cette période avait coïncidé avec un rapprochement de son père et sa mère. Tout à coup le couple, la famille, allait mieux.

Des années plus tard, alors que son couple rencontrait quelques turbulences, l'entreprise dans laquelle il travaillait déposa le bilan. Ces deux événements n'avaient objectivement aucun rapport entre eux. Mais le Cerveau émotionnel de Luc réactiva l'ancienne combinaison « apprise » dans son enfance.

Ainsi, inconsciemment (Cerveau Émotionnel), chaque fois que Luc sélectionnait une entreprise pour y travailler, il sélectionnait une entreprise sur le point de déposer le bilan. Bien qu'il n'en sache rien consciemment (Cortex).

De toute évidence le Cerveau Émotionnel de Luc avait encodé « troubles dans la famille » + « perte de repères » = résolutions des problèmes familiaux.

Lorsqu'il s'est trouvé en présence de la première partie de l'équation « troubles dans la famille » + « perte de repères », il a réactivé le souvenir sensoriel de ses 10 ans, et espéré la pacification des relations familiales. Celles-ci ne se produisant pas, il a cherché à renforcer la « perte de repères » professionnels, à une fréquence connue de lui (5 mois et 1 semaine).

Après le traitement, y compris le traumatisme de ses 10 ans, Luc a retrouvé un emploi stable qui quatre ans plus tard tenait toujours. Je le sais pour l'avoir rencontré par hasard dans un magasin.

Ce qui est remarquable, c'est que ces entreprises l'avaient toutes recruté de façon très différente : chasseur de têtes, annonce presse, annonce web, relations.

Ne me demandez pas comment c'est possible. Je n'en ai aucune idée. Mais c'est un phénomène que j'ai remarqué à de nombreuses reprises, au cours de ma pratique de Thérapeute EPRTH™. Le Cerveau Émotionnel semble être bien mieux renseigné que nous sur le « devenir », et c'est même d'une précision quasi chirurgicale. Vous n'aurez pas manqué de remarquer la récurrence de la zone de temps : 5 mois et 1 semaine.

- Votre Cerveau Émotionnel ne crée pas.
- Il ne peut que reproduire ce qu'il a appris, ce qu'il a encodé.
- S'il s'oppose à vos désirs conscients (de santé, de développement, de bonheur, etc.), il ne le fait pas pour vous nuire, mais parce que c'est sa fonction : maintenir le statu quo, selon ses Encodages.

Arrêtez de vous prendre la tête !

Comme nous l'avons vu, votre Cerveau Émotionnel et votre Cortex fonctionnent indépendamment l'un de l'autre.

Toute la journée votre Cerveau Émotionnel a scanné tous les paramètres sensoriels dans lesquels vous avez évolué. Ce qui est très important de comprendre, c'est qu'il a scanné ce dont vous avez été conscient(e) avec votre Cortex, mais aussi de nombreux paramètres dont vous n'avez pas été conscient(e), et **il a Encodé tous ces paramètres ensemble**, dans une même expérience. **Sans que vous en ayez conscience !**

Exemple imagé :

Une amie vous téléphone et vous donne rendez-vous dans un petit bistrot dont elle a entendu parler récemment, et qu'elle a hâte de découvrir avec vous. Voyons ce que le Cortex et le Cerveau Émotionnel vont retenir de cette expérience, par exemple :

Cortex	**Cerveau Émotionnel**
Super un nouvel endroit !	Un endroit inconnu → Stress → Resté vigilant

Cortex	Cerveau Émotionnel
Votre amie se place du côté de la table où elle est dos au mur, près de la fenêtre. Elle fait face à la salle. Consciemment elle pense : « Jolie salle ».	**Votre amie** : Je suis en sécurité. On ne peut pas m'attaquer par-derrière. Au cas où, je verrai arriver mon agresseur.

Cortex	Cerveau Émotionnel
Vous êtes face à votre amie, sur le côté vous avez une fenêtre, ce qui vous permet de voir dehors. Vous êtes dos à la salle. Consciemment vous pensez : « C'est plutôt sympa ici. Tiens, elle a un nouveau chemisier. »	**Vous** : Je ne peux pas voir la salle. Un éventuel agresseur pourrait arriver par-derrière. → Stress → Renforcer la vigilance.

Cortex	Cerveau Émotionnel
Le serveur arrive pour prendre votre commande :	
Votre amie : Tient-il est mignon. On m'a dit que leur coq au vin est fabuleux. Mais j'ai pris 500 grammes. Je vais prendre une salade avec la sauce à part.	**Votre amie :** Il a une tache sur sa chemise. Pas bon signe. Il doit être peu ordonné. Mon schéma pour former un couple est un homme tel qu'appris avec mes parents. Je suis en âge de me reproduire, je dois trouver un partenaire qui me

Cortex	Cerveau Émotionnel
	permettra de reproduire le couple tel que mon inconscient l'a appris. Je dois encore prendre 1 kilogramme pour pouvoir disposer de suffisamment de graisse pour pouvoir assurer un enfantement optimum. → son Cerveau Émotionnel poussera votre amie à prendre un dessert.

Cortex	Cerveau Émotionnel
Vous : Tient-il est mignon. Je vais prendre comme elle. Je ne veux pas prendre de poids.	**Vous :** Je dois me dépêcher de manger pour pouvoir quitter cet endroit où je ne suis pas en sécurité. → Stress → Renforcer la vigilance. Quel est ce bruit au loin ? Que disent les gens derrière moi ?

À partir de ces données, votre Cerveau Émotionnel va :

- Augmenter l'énergie dans vos jambes, en vue d'une éventuelle fuite. → Vous ressentirez une certaine impatience.
- Augmenter l'énergie dans vos bras, en vue d'une éventuelle lutte. → Vous mangerez bien plus rapidement que votre amie.
- Écouter le son, au loin, de la télévision, au-dessus du bar. Le journaliste parlait peut-être de morts, d'attentat. Simultanément vous humez les différentes odeurs, etc. Tout cela ensemble, va faire monter le stress, réprimer la sphère digestive. → Cette salade vous restera en travers. Vous aurez bien du mal à la digérer.
- Augmenter vos sens de perceptions auditive et olfactive :

→ Votre Cerveau Émotionnel va enregistrer, les différentes intonations, disputes, certains mots, etc. De ce qui se passe dans votre dos, à votre insu, y compris peut-être les informations télévisées.

À la suite de ce déjeuner, sans savoir pourquoi :

- Vous aurez des difficultés à digérer.
- Votre sommeil sera peut-être perturbé, difficile (trop d'énergie dans les jambes, dans les bras).
- Vous aurez peut-être un peu de ressentiment vis-à-vis de cette amie. Pourquoi ? Parce qu'elle vous aura mise en situation de danger possible (tel que perçu par votre Cerveau Émotionnel). Vous n'aurez pas conscience de ce pourquoi, car il ne sera pas « raisonnable » (Cortex), mais instinctif (Cerveau Émotionnel). D'ailleurs vous vous serez peut-être disputé(e) avec cette amie. Car vous étiez en

situation d'insécurité, de vigilance, sur les nerfs, tendus.

- Votre Cerveau Émotionnel aura encodé, assemblé, tous les éléments sensoriels de cette expérience pour en faire une référence. Tous ces paramètres formeront ensemble cette référence : Salade (goût, aspect, odeur) + serveur à la chemise tachée + La rue que vous voyiez derrière la fenêtre du restaurant + le temps qu'il faisait + tout ce qui s'est passé derrière cette fenêtre + les odeurs présentes (de la nourriture, de vos voisins de table, de votre shampoing, celui de votre amie, votre parfum, son parfum, l'odeur de transpiration du serveur, les traces odorantes des produits qui ont servi à nettoyer la table, le sol, etc.) + les mots et intonations des conversations autour de vous + les informations inquiétantes à la TV derrière le bar, etc.

Maintenant, imaginons que lors de ce déjeuner un des serveurs ait fait tomber son plateau : bruit de verre, voix inquiètes, etc. Vous avez sursauté, bien plus que ne l'aura fait votre amie. Pourquoi ? Parce que vous étiez déjà en situation d'alerte, de vigilance. Ce bruit soudain a été comme une alarme.

Quelles seront les conséquences pour vous ?

Je n'en sais rien. Car chacun d'entre nous encode les diverses expériences qu'il (elle) rencontre dans sa vie adulte, en fonction des Encodages précédents de cette même vie.

Exemple 1 : Imaginons que dans vos Encodages anciens, un bruit de verre ait déjà été vécu comme représentant un danger. Par exemple lors d'un accident de voiture avec vos parents quand vous étiez petit(e). Cette nouvelle expérience va peut-être réactiver ce souvenir ancien, et sans savoir pourquoi, à partir de ce moment, vous allez développer (là aussi il y a des milliers de possibilités). Par exemple : une allergie à la salade, ou une dépression (sensation d'insécurité), un TOC de nettoyage (la tache du serveur), etc.

Exemple 2 : Dans ce second exemple, il n'y a pas d'Encodage ancien relatif au bruit de verre, mais un de vos amis a été victime d'un attentat, voici quelques années. Attentat qui l'a laissé handicaper, avec le bras droit paralysé. Cette nouvelle expérience, avec le son de la TV (informations inquiétantes) va peut-être réactiver ce souvenir, et à partir de là vous allez développer (là aussi il y a des milliers de possibilités) : des douleurs invalidantes dans votre bras droit (le même que celui paralysé chez votre ami), ou encore : une allergie à la salade, ou une dépression, un TOC de nettoyage (la tache du serveur), etc.

À travers cet exemple, il est très facile de comprendre que les Thérapies classiques ne peuvent pas vous aider de façon optimum. Car elles vont rechercher, à travers des conversations, des rapprochements cognitifs (Cortex). Alors que vos troubles sont dus, la plupart du temps (pour ne pas dire toujours), à **des Encodages inconscients qu'on ne peut pas se rappeler consciemment**.

Comment faire le lien, à la vue de notre exemple, si dans dix ans vous déclenchez, par exemple, une boulimie, une dépression ou une sclérose en plaques ? C'est impossible ! Car le principe même de l'Encodage sensoriel, c'est qu'il est multiple et dénué de raison. Savez-vous qu'un seul neurone fait simultanément 7000 connexions ? Chacune de ces connexions produisant elles-mêmes 7000 autres connexions et ainsi de suite.

Votre trouble alimentaire n'a peut-être rien à voir avec la nourriture, la famille ou les pâtes au gruyère ? Mais peut-être avec un dessin de girafe que vous avez vu sur le mur de votre école maternelle quand vous aviez 5 ans.

Cette dépression qui vous plombe depuis tant d'années, vous la devez peut-être à la couleur du maillot de bain que vous portiez lorsque vous aviez 2 ans ?

Votre cinquième divorce qui vous a laissé une nouvelle fois désespéré(e) et ruiné(e) vient peut-être… et bien je ne sais pas. C'est votre Cerveau Émotionnel qui nous le dira, ou pas, quand vous viendrez me consulter. D'ailleurs je n'ai pas besoin de le savoir, ni vous non plus. Peut-être qu'il y aura juste une émotion diffuse qui surgira au moment de la séance, mais cela suffira à faire cesser ce schéma, pour enfin construire une vie affective épanouissante. N'est-ce pas tout ce qui compte ?

- Le Cerveau Émotionnel est en alerte permanente, et cela afin d'assurer notre survie.
- Il va retenir, assimiler des paramètres sensoriels en dehors de notre conscience, et les encoder ensemble. Ces Encodages peuvent se réactiver à tous moments de notre vie, dès l'instant où il percevra une similitude sensorielle.

NORTH POLE

Bienvenue au Pôle Nord !

Depuis quelque temps, vous vous sentez une âme d'explorateur. Vous avez envie de vous lancer sur les traces de Paul-Emile Victor, ce célèbre ethnologue, explorateur qui a mené tant d'expéditions polaires.

Cette fois, c'est décidé, vous vous lancez. Vous vous entourez d'une équipe performante :

- Jean, Le responsable des visas et autres autorisations pour traverser et séjourner dans les différents pays. Il s'agit d'un ancien tour opérateur de 50 ans qui connait son affaire.

- William, Le responsable des différents billets d'avion.

- Pierre, Le responsable du matériel lourd et des équipements. Un jeune homme de 34 ans, mais qui est spécialiste de la vie en haute montagne.

- Catherine, La responsable des chiens de traineau. Une femme de 40 ans, mucher reconnue.

- Karine, La responsable de la communication avec les populations locales. Elle parle trois langues et cinq dialectes locaux.

- Et pour le ravitaillement vous choisissez Kevin qui a, tout juste, 3 ans.

Comment cela va-t-il se passer ?

- Pour arriver sur place, aucun problème, les billets, les visas tout y est.
- Pour circuler sur place, vous avez le bon matériel, les bons chiens, une bonne communication avec les populations locales.
- Vous avez les bons équipements, vous avez bien chaud, de quoi bien bivouaquer.
- Mais quand arrive l'heure du repas, que vous ouvrez le sac réservé aux rations alimentaires, vous trouvez… des bonbons et seulement des bonbons.

Pourquoi ?

Parce que Kevin, qui n'a que 3 ans, aime les bonbons, et qu'il a voulu vous faire plaisir.

Ridicule n'est-ce pas. Qui confierait l'intendance d'une telle expédition à un enfant de 3 ans ?

En fait… c'est vous, moi, chacun d'entre nous. À chaque instant de notre vie, de façon inconsciente, nous confions tous nos choix et nos réactions biologiques, émotionnelles et physiques, à un enfant de 3 ans (au plus !).

Comprenez bien :

- Cet enfant n'a pas remplacé vos rations de survie pour vous nuire ou nuire à votre expédition au Pôle Nord. Il l'a fait parce que « pour lui » c'était le mieux.

- Tout comme votre Cerveau Émotionnel ne déclenche pas telle douleur, tel problème de santé, ni tels mauvais choix qui vous conduiront à la ruine ou aux problèmes affectifs, etc. pour vous nuire. Il le fait parce qu'il « croit » ou plutôt, il « perçoit » que c'est la bonne réponse. Une réponse forcément immature puisqu'il en a encodé les références, les valences, tout au début de votre vie. Or au début de votre vie, votre Cortex (zone de l'intelligence, de la réflexion articulée) était vide d'informations pertinentes. Il ne détenait que peu, voire pas du tout, d'informations pouvant vous être utiles à l'âge adulte, face à des problématiques complexes.

Exemple :

Quand mon fils aîné était petit, un matin où je me préparais pour aller travailler, il m'avait demandé :

- Pourquoi tu dois aller travailler ?

Je lui avais répondu :

- Je dois aller travailler pour gagner de l'argent, afin de payer tout ce dont nous avons besoin : maison, nourriture, vacances…

Savez-vous ce qu'il m'avait répondu ?

- Ben, pour avoir de l'argent tu n'as pas besoin de travailler. Tu n'as qu'à mettre ta carte dans la machine du mur. Elle va te donner de l'argent.

« La machine du mur » étant le distributeur de billets. Oui, un enfant de 3 ans n'appréhende pas la notion de paie, de compte bancaire, etc. Il fonctionne avec ce qu'il sait, et ce que savait mon fils, à ce moment-là de sa vie, c'était que quand j'avais besoin de billets, je mettais ma carte dans le distributeur.

Mignon, n'est-ce pas ? Mais maintenant, si je vous disais que la partie de votre cerveau qui guide vos choix en matière : de partenaire sexuel, d'amoureux(se), de partenaire de business, de lieu d'habitation, de choix de nourriture, de santé, etc. « réfléchit » exactement de la même façon. Je suis certaine que vous trouvez cela nettement moins mignon. Vous trouverez peut-être même cela incroyable, effrayant, injuste !

Pourtant c'est bien le cas. Mais heureusement grâce à l'EPRTH™, il est enfin possible de mettre à jour les données, de faire grandir votre Cerveau Émotionnel ou plutôt de mettre en cohérence votre Cerveau Émotionnel et votre Cortex.[12]

12

Voir chapitre « Arrêtez de vous prendre la tête »

- Le Cerveau Émotionnel n'est pas « intelligent ». Ce n'est pas sa fonction.

- Sa fonction est de gérer la biologie et la survie de l'organisme. Pour cela, il a tout pouvoir sur le corps. C'est un système automatique de gestion de la biologie.

- Son « intelligence », si on voulait parler d'intelligence, n'est pas plus mature que celle d'un petit enfant. Sa compréhension du monde est sensorielle. Il procède par Encodages.

- Il n'est pas possible « d'obliger » volontairement son Cerveau Émotionnel à changer d'Encodages, même si ceux-ci vont dans un sens différent de ce qu'on aimerait réaliser volontairement.

L'EPRTH™ permet de modifier les Encodages qui vous posent problème. Ceux qui s'opposent à votre développement, à votre bonheur.

Appelez-moi Virus !

Cette semaine j'ai attrapé un gros rhume. Je sais qui me l'a passé. C'est mon fils aîné. Il l'avait attrapé par son frère qui lui-même avait été contaminé certainement par ce gamin qui toussait derrière lui dans la file devant le cinéma.

Cette histoire ne vous surprend pas. Tout le monde sait que les virus se transmettent d'une personne à l'autre. C'est le principe même de la contagion, de l'épidémie.

Mais avez-vous remarqué qu'un virus répond toujours à des cycles qui sont immuables ?

<u>Exemple imagé :</u>

- Avec ce rhume, j'ai eu d'abord un gros coup de fatigue qui a duré 3 jours, puis j'ai eu mal à la tête 1 journée, et puis sont arrivés le nez qui coule, la fièvre, la gorge prise, etc. Pendant 4 jours.

- Pour mon fils aîné, il n'a été fatigué qu'une seule journée, par contre son mal de tête a duré 2 jours et le nez qui coule, etc. seulement 2 jours.

- Son jeune frère, lui, a été très peu fatigué, à peine une demie journée, le mal de tête n'a duré qu'une demie journée, par contre, son nez a coulé pendant plus de 4 jours.

Comme vous le remarquez, les cycles se sont enchaînés dans un ordre identique. Seule a varié la durée de chaque phase. Cela est certainement dû à la sensibilité de chacun de nous.

Par exemple :

- La phase de fatigue a été plus longue chez moi. Peut-être parce que je suis plus âgée, ou que je travaille trop.

- Mon fils aîné a eu plus longtemps des maux de tête. Peut-être est-ce dû aux longues heures qu'il passe devant un écran d'ordinateur.

- Mon plus jeune fils lui a surtout souffert au niveau respiratoire, mais c'est un terrain qui est déjà fragilisé. En effet à chaque printemps, les pollens aidant, son nez se met à couler.

Votre médecin le sait bien, selon votre état, il saura dans quelle phase du cycle vous êtes en fonction de la maladie que vous présentez, et il pourra anticiper les phases suivantes par lesquelles vous allez passer.

Or tout est ainsi dans le monde vivant. Parlez-en à un jardinier, il sait que chaque cycle est immuable dans la nature : la graine, la pousse, les bourgeons, les feuilles, les fruits qui eux-mêmes donneront les graines, etc.

Alors pourquoi en serait-il autrement pour nous êtres humains ? Nous naissons, grandissons, vieillissons et mourrons. Je suis d'accord, je me passerais bien de la dernière phase, mais je n'y couperai pas… C'est ainsi.

On peut même séquencer chaque phase de la vie en d'autres phases, elles-mêmes immuables :

Grandir : c'est d'abord l'enfance, puis vient l'adolescence, la phase de reproduction, etc.

L'enfance : être un bébé qui tête, puis un bébé qui mange semi-liquide, puis solide, qui apprend à marcher à quatre pattes, puis debout, puis viendra l'école maternelle, l'école primaire, etc.

Bon, je pense que vous avez compris. Nous sommes des virus. Ou du moins nous répondons à ce même principe de la vie que sont les cycles, les phases de ces mêmes cycles, et que cela nous plaise ou pas nous devons respecter ces cycles, selon les règles édictées par la Nature. <u>Faute de quoi nous en payons les conséquences</u>.

Or le moment de la gestation puis de la naissance est certainement le moment le plus important, le cycle le plus fondateur de la vie.

Et pourtant les êtres humains - dits civilisés - s'efforcent à « manipuler » ce moment, souvent sous couvert de « sécurité » médicale, pour ce qui relève pourtant d'un acte on ne peut plus naturel. Bien entendu, la médecine a toute sa place lorsqu'une grossesse est à risque voir problématique. Mais fort heureusement, pour la majorité des femmes tout cela se passe très bien. Naturellement.

<u>Alors :</u>

- Pourquoi une femme doit-elle accoucher à l'hôpital ? Un lieu dédié à la maladie.
- Pourquoi doit-on accoucher allongée ? Alors que grâce à la gravité le bébé « tombe » naturellement, si la mère est accroupie ou à genou, lors de l'accouchement. Ce qui permet au bébé d'avancer plus facilement dans le passage, sans à avoir à

fournir autant d'efforts qu'il ne doit le faire lorsque la maman est couchée.

- Pourquoi le médecin doit-il « voir » ? Depuis des millénaires des femmes accouchent à genoux ou accroupie, et les bébés ne s'écrasent pas sur le sol. Les mains de sa mère l'accueillent, et pour le bébé c'est nettement moins traumatisant.

- Pourquoi la plupart des femmes demandent la péridurale. Droguant par la même leur nourrisson - via le circuit sanguin- avant même sa naissance.

- Pourquoi certains médecins continuent de pratiquer des césariennes non obligatoires, simplement parce que pour eux c'est plus rapide et mieux programmable ? Et surtout pourquoi ne sont-ils pas sanctionnés ?

- Pourquoi on sépare le bébé, à peine sorti de sa mère, pour aller dans une autre pièce lui mettre des gouttes dans les yeux, lui aspirer les mucosités, etc. ? Alors que toutes ces manipulations pourraient être faites, lorsque le bébé est sur le ventre de sa mère. Cela peut paraître anodin, mais tel n'est pas le cas. Cet instant, même bref de séparation du nourrisson à peine né, est vécu par lui comme « danger de mort ». Et cela peut laisser une cicatrice émotionnelle que l'individu traînera tout au long de sa vie, souvent sous forme d'état de tristesse latent qui pourra se réactiver à tout moment, voire de dépression.

- Pourquoi des femmes en capacité d'allaiter refusent-elles de le faire, alors qu'aucun lait maternisé ne peut mieux remplir cette fonction nourrissante et équilibrante sensuellement pour leur enfant ?

- Pourquoi notre société ne protège-t-elle pas mieux les femmes enceintes et les jeunes mères ? Alors qu'elles fabriquent la société de demain.
- Pourquoi certains veulent « créer » en matière d'accouchement, sous prétexte de théories plus ou moins vaseuses ?

- La vie, la naissance, sont des processus naturels qui répondent à des séquences biologiques que nous ne respectons pas suffisamment. Ce qui induit des répercussions non négligeables dans nos vies et notre société.

- Notre biologie répond à des besoins vitaux essentiels auxquels la médecine moderne s'oppose souvent, au nom de la praticité, et nous en payons le prix, parfois même toute notre vie.

- L'accouchement naturel, à genoux ou accroupi, demeure le meilleur, aussi bien pour l'enfant que pour la mère.

- La césarienne ne devrait pas être autant banalisée. Cela a un impact non seulement sur le développement de l'enfant, mais aussi sur la relation mère-enfant, et vraisemblablement sur notre type de société.

L'EPRTH™ permet de « nettoyer » ces Encodages délétères inconscients qui peuvent s'être mis en place au moment de la naissance, voir même avant la naissance, pendant la gestation.

À moi la mamelle !

Depuis longtemps les femmes ont cherché à s'émanciper du « joug » masculin. Qui pourrait leur en vouloir ? En tant que femme je connais, ô combien, toutes ses petites vexations ordinaires du quotidien. Je suis également consciente que si on hurle à la discrimination raciale ou religieuse, ce qui est légitime, on se contente de relater mollement, chaque année, de façon ordinaire, qu'une femme gagne un salaire de 20 à 30% de moins qu'un homme – à compétence égale – et qu'une nouvelle femme meurt sous les coups de son conjoint, tous les 3 jours en France. Faisant ainsi de la souffrance intolérable de nombreuses femmes, un « marronnier » que les médias gardent sous le coude, en période de pénurie d'informations juteuses.

C'est donc bien conscient de tout cela que je vais aborder ce chapitre. Je vais le faire non pas d'un point de vue de la « Morale » ou encore du droit de chacune à choisir sa vie, mais uniquement du point de vue de la biologie, de l'animalité de l'être humain, du Cerveau Émotionnel. Même si je sais qu'en faisant cela, je ne vais pas me faire que des « copines ».

Et je commencerais par affirmer ceci : « NON ! Pour un enfant en bas âge, avant 3 ans, ce n'est pas uniquement la qualité du temps passé avec son enfant qui compte, mais aussi le temps passé. »

Enfanter, donner la vie à un autre être humain est un acte grave, fondateur de son devenir, et fondateur de la société tout entière. Ce qui signifie qu'en aucun cas les histoires de

« carrière » ou « d'épanouissement personnel » ne devraient prévaloir sur la naissance de son enfant. Voilà, c'est dit.

Pourtant, croyez-moi, j'ai également connu, d'un point de vue privé, ces moments interminables au parc « pour aérer le petit dernier », les journées sans grand intérêt, à patauger dans les régurgitations, le caca, et tout ce qui consiste à attendre l'heure de la tétée, du biberon, du change de couche, du bain, etc. Tous ces instants où on ne sait plus vraiment ce qu'on fait là. Où on regarde ses amies, s'épanouir dans leur boulot, s'amuser le soir, partir en week-end avec leurs conjoints, etc. Oui, je sais que même lorsqu'on aime son enfant, au-delà de sa propre vie, s'en occuper au quotidien n'est pas toujours très épanouissant.

Mais la Nature, avec un grand « N », ou plutôt le Cerveau Émotionnel n'a rien à faire de votre épanouissement personnel. Du point de vue du Cerveau Émotionnel, aussi bien celui de votre enfant que du vôtre, une femme qui enfante est au service de cette nouvelle vie.

En fait pour la Nature, de 0 à 3 ans, et même de moins 9 mois, temps de la gestation, à 3 ans, la mère doit se consacrer uniquement à ce nouvel enfant. Ce qui signifie : TOUT LE TEMPS, et se consacrer à lui, et rien qu'à lui. Pour cela notre corps produit des hormones, dont l'ocytocine qui est - entre autres - l'hormone de l'attachement. En effet, cette hormone qui intervient dans le processus de la grossesse, de l'accouchement et de l'allaitement va « shooter » totalement la nouvelle mère pour qu'elle se consacre entièrement à ce petit être vulnérable. Pourquoi ? Tout simplement, parce que, dans la nature, le bébé humain serait incapable de survivre par lui-même. Cet « attachement » viscéral est donc indispensable, d'un point de vue de la survie de la race humaine.

Où voyez-vous, dans ce processus, la notion de crèche ou de nounou ? Nulle part. Car la Nature, le Cerveau Émotionnel, ne peut pas intégrer cette notion sociale. Donc, que cela vous plaise ou pas, si la mère du jeune enfant de moins de 3 ans donne à garder, toute la journée, son petit à une tierce personne, cela implique OLIGATOIREMENT une souffrance pour l'enfant, au-delà de ce que vous pourriez imaginer. Je n'ai aucun doute sur cela.

En effet, en EPRTH™, il est tout à fait possible de ramener la personne adulte dans l'émotionnel ressenti pendant cette tranche d'âge.

Lors de ce type de consultation, il est alors inutile que le patient précise qu'il a été un enfant mis en crèche ou gardé par une nounou. Le sentiment d'angoisse qui le saisit, lors du traitement de la période de temps, est tel que cela en atteste, sans l'ombre d'un doute.

Le sentiment ressenti par le nourrisson lorsque sa mère s'éloigne de son champ visuel, même de brefs instants, et d'autant plus lorsque cette absence dure plusieurs heures, est celui de la panique. Un sentiment de danger de mort l'envahit, ce qui serait une réalité d'un point de vue simplement biologique. Et pour pouvoir « survivre » il va donc devoir « mourir à sa mère », c'est-à-dire en quelque sorte, tourner la page, remplacer – au moins en partie – l'attachement qu'il a vis-à-vis d'elle, par un attachement, avec augmentation de l'ocytocine, vis-à-vis de la personne qui le garde, toujours dans le but de survivre. Pour cela, le nourrisson, puis le très jeune enfant, va chercher à décrypter la communication non verbale de ce tiers, et va la faire sienne.

Ce processus, qui est un processus de survie, va se mettre en place naturellement. Ainsi le petit Benoit né dans une famille bourgeoise parisienne, mais gardé - quasiment depuis sa naissance - par Nina une jeune femme africaine, va devenir émotionnellement un enfant africain, dans sa perception du monde et toutes ses futures interactions avec lui. Il en sera de même pour la petite Li, fille d'un couple de Chinois, gardée – depuis quasiment la naissance – par Gwenaëlle, jeune nounou bretonne, et qui va devenir émotionnellement une petite Paimpolaise (Bretonne de Paimpol).

Vous êtes une personne ouverte et tolérante, et vous vous dites : « Super ! Mon petit Benoît (ou ma petite Li) va enrichir son ouverture d'esprit à une autre culture. »

Je vous répondrais ceci : « En théorie OUI, mais dans les faits NON. »

Ce qui va se passer c'est que Benoît et Li, passant bien plus de temps avec leurs nounous qu'avec leurs mères respectives, aux heures de veille, quand ils ne dorment pas, ne vont pas suffisamment « télécharger » la communication émotionnelle de leur maman. Ils vont donc surtout être émotionnellement africains ou bretons, et cela ne pourra pas être modifié passer l'âge de 3 ans.

C'est ainsi que Benoît ou Li seront souvent en conflit avec leur mère, en grandissant, tout simplement parce qu'ils ne la « comprendront » pas. Ils n'auront pas la même communication non verbale. Sans compter qu'un sentiment de colère – suite à ce qu'ils auront vécu comme étant un abandon – s'additionnera à cette incompréhension.

C'est pourquoi, comme je le disais dans un précédent livre[13]:

13

Ambre Kalène, *« Sortir de l'anxiété avec l'EPRTH™ »*, Ed Bussières, 2013

Si votre belle-mère vous insupporte, ne lui donnez pas à garder trop souvent, et/ou trop jeune, votre petit(e) dernier(ère). Car vous vous retrouverez, sans le vouloir, avec une reproduction miniature de ladite belle-mère.

Attention ! Je parle là de nounous et non d'expériences enrichissantes auprès de cultures différentes, en présence de la mère. Lorsque maman est là, l'enfant est « rassuré ». Il peut donc interagir avec d'autres cultures de façon profitable. Même si ces expériences sont surtout intéressantes après les 3 ans de l'enfant.

Le rôle de la mère vis-à-vis de son enfant de 0 à 3 ans :

Comme nous l'avons vu, la mère est censée dévouer sa vie à son enfant, pendant ce laps de temps, et à travers cette interaction elle va lui apprendre 2 choses :

- Qu'il est en vie (indépendamment d'elle, qu'il est un être autonome).
- Qu'il a une valeur.

C'est-à-dire qu'elle va lui permettre de construire **son Ego**. Qu'il ne faut pas confondre avec l'égoïsme.

Définition rapide de l'Ego :

C'est le « Moi je ». C'est-à-dire la conscience d'être en vie en tant qu'individu indépendant, ayant une valeur individuelle, personnelle.

Lorsque cette mise en place de l'Ego ne se fait pas bien :

- L'individu est susceptible d'accepter tous les « abus », puisqu'il n'a pas conscience de sa valeur. « Si je ne vaux rien, alors je dois accepter ».

- L'individu a du mal à jouir de sa production : c'est-à-dire que les expériences de la vie à travers lesquelles il « réussit » ne le confortent pas dans ses capacités. Ce type de personne doute sans cesse de ses capacités, de sa valeur.

On connait tous ce type de personne qu'il faut sans cesse rassurer, les « je n'y arriverai jamais », les « c'est mieux que rien », etc.

Il est important de comprendre que cela ne sert pas à grand-chose de les encourager, car cet Ego défaillant s'est établi entre 0 et 3 ans par ces interactions, ou non-interactions, avec sa mère. Passé 3 ans, rien ne peut « réparer » cet Ego défaillant. Enfin, si… en EPRTH™, nous avons un exercice qui permet de reconstruire ou plutôt de construire un Ego défaillant, en seulement 2 mois. Ce qui est un vrai miracle. Le Thérapeute voit littéralement se redresser (émotionnellement et physiquement) son patient. C'est non seulement magnifique, mais également définitif.

Bien entendu, avant d'en arriver là, il faudra quelques consultations préalables pour désensibiliser les différents traumas qui auront pu renforcer inconsciemment cet Ego défaillant. Mais cela vaut la peine. Croyez-moi.

<u>Quelles erreurs aura commises la mère d'une personne ayant un Ego défaillant ?</u>

Une telle mère n'est pas forcément « une mauvaise mère ».

- Elle peut simplement être « **une mère trop « occupée** » : en Suisse dans la région d'où je viens, j'ai souvent traité des enfants issus de ce type de mère. Pourtant, souvent, leur maman les avait gardés à la maison de 0 à 3 ans. Mais soit par le biais de la structure familiale (famille nombreuse), soit par le biais du travail (beaucoup de femmes travaillent à la maison dans l'horlogerie, la confection…), elles n'avaient pas eu le temps d'interagir suffisamment avec le petit. C'est également le même problème que l'on rencontre avec les enfants d'agriculteurs, ou de commerçants. La maman est là, mais trop occupée, elle n'aura pas le temps d'interagir plus que le minimum nécessaire : donner à manger, le bain, et changer l'enfant.

- Ce peut être une mère qui a souffert d'un « **déficit d'ocytocine** ». Péridurale, anesthésie pour la césarienne ou circonstances défavorables à la grossesse ou à l'accouchement (enfant non désiré, problème relationnel entre les parents, problèmes de travail survenus pendant la grossesse, problèmes financiers, contrariétés diverses, déficit héréditaire d'ocytocine…) auront pu limiter ou interrompre la production d'ocytocine[14].

14

Notre corps produit en permanence de l'ocytocine, mais lorsque la femme est enceinte, cette production va augmenter au fil des mois, jusqu'à atteindre un crescendo qui va agir sur les muscles lisses de l'utérus et faciliter l'accouchement, puis l'expulsion du placenta. Juste après la naissance, en tétant, le nourrisson va encore augmenter cette décharge hormonale, et ainsi favoriser la lactation et l'expulsion du placenta.

Des essais cliniques sur des brebis indiqueraient que la péridurale minimise la production d'ocytocine au moment de l'accouchement. Je n'ai pas connaissance de recherches qui permettraient de comparer les niveaux d'ocytocine produite chez les femmes ayant reçu une péridurale et celle ayant accouché sans. Ni de

Ce déficit d'ocytocine n'a pas permis à la mère « d'aimer son enfant au-delà d'elle-même ». D'instinct le bébé a ressenti, souvent même avant la naissance, le déficit de cette hormone d'attachement chez sa mère. Ce qui l'a insécurisé. Sa mère ne ressentant pas suffisamment d'attachement pour lui :

- Au mieux, elle aura veillé à fournir le minimum des soins nécessaires, sans tendresse ni interaction superflue.

- Au pire, elle se sera montrée nerveuse, voire maltraitante avec cet enfant.

On entend parfois parler de ces cas de mères qui vont maltraiter un seul de leur enfant, voire qui les tuent à la naissance, alors que par ailleurs elles se sont très bien occupées des autres enfants qu'elles ont eus. On note alors que cette grossesse, précisément, s'était produite à un moment non propice (abandon réel ou ressenti du conjoint, problèmes financiers, etc.) qui a bloqué, limité l'hormone d'attachement. Sans la charge d'ocytocine nécessaire, cette mère n'a pas forcément identifié le nouveau-né comme étant <u>son</u> enfant.

---

recherches autour du seuil de tolérance, et d'attachement de ces 2 types de mères.

Les frères et sœurs :

Je reçois souvent des femmes ayant déjà un enfant et qui me déclarent : « On va en faire un second rapidement, comme ça ils pourront jouer ensemble. »

Joli programme ! Sauf que dans la réalité ça ne se passe pas comme ça. L'enfant qui vient de naitre a besoin de 3 ans d'interactions privilégiées avec sa mère. Il en a BESOIN. Son Cerveau Émotionnel, sa biologie, vit ces 3 ans comme étant le temps nécessaire à sa survie. Si la maman met au monde un nouvel enfant avant la fin de ses 3 ans, le premier enfant va le vivre comme étant source de « danger de mort ». En effet, dans la Nature la mère ne dispose que de ses seins pour nourrir son nourrisson. Si un autre bébé arrive, il va donc prendre cette nourriture, mettant ainsi la vie du premier en danger. Bien entendu, dans notre type de société cela n'est plus le cas. Mais n'oubliez pas que le Cerveau Émotionnel de l'humain moderne est le même que celui de Cro-Magnon, et qu'il ne peut pas évoluer. Ainsi, les deux enfants ne vont non seulement pas « jouer ensemble », mais généralement ils se détesteront.

Mon conseil : Profitez bien de votre enfant pendant au moins les 3 années nécessaires, avant d'en mettre un autre en route. Cela vous épargnera bien des bagarres au sein de la famille.

- La Nature, avec un grand « N », la biologie, exige que la mère soit entièrement disponible à son nouveau-né. Peu lui importe que la jeune maman ait d'autres aspirations.
- L'enfant, avant 3 ans, qui est séparé de sa mère est en souffrance, et toute solution de garde, aussi sécurisée soit-elle, n'est qu'un pis-aller.

Où t'es, papa où t'es ?

Dans le chapitre « À moi la mamelle ! », nous avons vu le rôle primordial de la mère du jeune enfant entre 0 et 3 ans. C'est en effet pendant ce laps de temps que l'Ego de l'enfant se forgera. Lors de cette interaction, l'enfant « téléchargera » l'information selon laquelle il est en vie et qu'il a une valeur. Du moins si l'interaction avec sa mère a été suffisamment constructive.

Pendant ce laps de temps, le père a un rôle bien moins important. Si j'étais désagréable, je dirais même qu'il fait partie du décor. En fait son rôle est surtout lié à l'interaction qu'il a avec maman. Car si maman n'est pas bien, par suite d'une interaction dissonante avec papa, alors, elle sera moins disponible à l'enfant qui ressentira cet « éloignement » comme un réel danger.

Mais après 3 ans, le rôle du père va prendre toute son importance. En effet, l'enfant a construit l'Ego qui l'accompagnera tout au long de sa vie, la perception de ce qu'il vaut. Son alimentation est solide, il marche, sa dépendance vitale à sa mère n'est plus la même. Il peut donc se tourner vers les Autres. Or c'est à travers ses interactions avec son père qu'il va apprendre les Autres, et sa place au milieu de ces Autres.

Ces interactions avec son père entre 3 ans et 7 ans vont donc apprendre à l'enfant : comment les Autres, la Société, le perçoit et quelle est sa place au milieu des Autres, dans la Société. Cette construction est fondamentale.

Ainsi, si papa ne m'a pas indiqué que les Autres me reconnaissent comme ayant une valeur, et que j'ai bien ma place au sein de la Société, je vais passer ma vie à ne pas savoir ce que je dois faire. Je ferai également les mauvais choix. Des choix qui ne me permettront pas d'être reconnu par la Société. Quelles que soient mes ambitions conscientes (Cortex), je ne les réaliserai jamais.

Pourquoi ?

Tout simplement parce que mon Cerveau Émotionnel percevra que si je suis reconnu, je ne réponds pas à mon Encodage, à la référence de base de mon programme vis-à-vis de la Société.

On reconnaît facilement les personnes ayant une carence à ce niveau-là :

- Soit : ils rencontrent des difficultés à faire reconnaître leurs efforts.
- Soit : ils vont d'échec en échec,
- Soit encore, ils multiplient les diplômes qu'ils affichent partout sur leurs murs, leur carte de visite, etc.

Exemple :

Franck vient me consulter pour des problèmes de dos, et bien que je ne lui demande rien de plus que sa profession actuelle, il me détaille tous ses diplômes : agrégé en… Maîtrise de… et en…, Doctorat en…, etc.

Bien entendu, pour la thérapeute EPRTH™ que je suis, ce que j'entends, c'est : « Regarde papa, j'ai une valeur. Je vaux quelque chose. »

Je sais de suite où se trouve son Encodage fondateur, celui qui l'a mené jusqu'à moi, et qui effectivement était à la base de ce problème de dos. Je sais que je dois sérieusement traiter sa relation avec son père entre 3 ans et 7 ans.

Quelles erreurs aura commises le père de cette personne ?

Un tel père n'est pas forcément un « mauvais » père. Encore qu'il puisse effectivement s'agir d'un père maltraitant, dévalorisant, etc.

Mais, il peut juste s'agir :

- D'un père trop occupé (chef d'entreprise, personne ayant plusieurs travails, etc.),
- D'un père « absent, un « taiseux ». Ce type d'hommes qui parlent peu ne savent pas quoi dire, et/ou ont également été élevés par un père peu bavard ou absent, et ils reproduisent cette façon de faire. Car c'est celle apprise, leur Encodage en matière d'éducation.
- D'un père physiquement absent (commercial en déplacement, routier, pilote, etc.),
- D'un père brimé par la mère de l'enfant. En effet, certaines mères ont du mal à passer la main après les 3 ans de l'enfant, elles ressentent cette nouvelle interaction entre le père et l'enfant comme étant une sorte d'abandon vis-à-vis d'elle. Elles vont donc « brimer » le père afin qu'il se tienne à distance.
- D'un père dont la réussite est trop importante pour qu'il « s'abaisse » à reconnaître les petites victoires, les petites réalisations qui sont à la portée d'un enfant jeune. Il va souvent être persuadé qu'en posant « la barre haute », il va pousser sa

progéniture à se dépasser, sans s'endormir sur ses lauriers. Ce qui est une erreur destructrice qui n'apporte que frustration, humiliation, colère, etc. Car avant 7 ans, il n'est pas temps de placer « la barre haute », il est temps d'encourager : « Je suis fier de toi », « J'ai confiance en toi », de stimuler positivement : « C'est super, vraiment bien. », de rassurer : « Oui, cette fois tu as une mauvaise note, mais gardes confiance, je sais que tu vas t'améliorer. », etc.

Que se passe-t-il s'il n'y a pas de père ?

Mère célibataire, parents séparés, etc. l'interaction avec le père n'est pas toujours possible. Que se passera-t-il pour l'enfant ? Comment pourra-t-il s'ouvrir à la Société et comprendre sa place au sein de celle-ci.

- La maman de l'enfant pourra remplir les deux fonctions, l'une après l'autre. Mais toutes les femmes ne sont pas aptes à cela. Soit parce qu'inconsciemment elles veulent garder leur enfant « pour elle », elles ne veulent pas qu'il grandisse, qu'il s'élance vers l'extérieur. Soit parce qu'elles sont très occupées, travail, plusieurs enfants, etc.

- Une tierce personne pourra remplir cette fonction, une nounou, un grand-père, une autre personne de la famille, un ami, etc.

Comment cela se passe-t-il pour les couples homosexuels ?

- S'il s'agit d'un couple de femmes, mais qu'aucune n'a porté l'enfant, il est évident qu'il s'agira d'un schéma abandon-adoption.

- Si c'est la mère qui a porté l'enfant qui est sa mère entre 0 et 3 ans. Le statut de la mère reste identique. C'est donc la compagne qui va remplir le rôle de père. Ce qui n'est pas du tout traumatisant pour l'enfant, dès l'instant où celle-ci remplira bien son rôle de père : celui qui enseigne la Société et quelle est la place de l'enfant au sein de celle-ci (à partir de 3 ans).

- Dans les cas d'enfant adopté, en bas âge, par 2 hommes, il y a bien entendu toujours un schéma abandon-adoption. C'est donc celui qui nourrira (le premier, puis le plus souvent) qui remplira le rôle de mère de substitution. Le compagnon remplira donc la fonction de père. Ce n'est pas traumatisant pour l'enfant, dès l'instant où les rôles sont bien déterminés et constants :

    - Le compagnon-mère en tenant le rôle prépondérant entre 0 et 3 ans : celui qui nourrit. Il apprend à l'enfant qu'il est en vie et qu'il a une valeur à travers ses interactions : « C'est bien… », « Tu es grand(e)… », etc.

    - Le compagnon-père ou compagne-père en tenant le rôle prépondérant entre 3 et 7 ans, va lui apprendre la Société, sa place au milieu des Autres et comment la Société le reçoit : c'est celui qui l'amène à l'école, le félicite sur mes résultats scolaires, l'aide à traverser les expériences difficiles, en lui indiquant que les difficultés sont toujours temporaires et qu'il a confiance en lui pour ses résultats à venir.

- Le père (celui ou celle tenant ce rôle) va permettre à l'individu (à son Cerveau Émotionnel) de « télécharger » l'information suivante :

- Quelle est ma place dans ce monde, dans la Société.

- Comment les autres (qui composent la Société) me perçoivent.

Au clair de la Lune

« Au clair de la Lune, mon ami Pierrot… Ouvre-moi ta porte, pour l'amour de Dieu ».

Nous dit la comptine, et il s'agit bien de cela.

Comme nous l'avons vu, le Cerveau Émotionnel, qui contrôle notre biologie, nos pulsions, nos choix inconscients, etc., et le Cortex, siège de notre intelligence, de notre pensée articulée, de notre volonté, etc., travaillent indépendamment l'un de l'autre. Ou plutôt « inconsciemment » l'un de l'autre.

Il est indéniable que c'est bien le Cerveau Émotionnel qui va contrôler, gérer, à chaque instant, notre santé, notre équilibre biologique et donc également - via les hormones - notre équilibre émotionnel. Sans que notre volonté, notre Cortex, puisse s'y opposer. C'est bien de cette « indépendance », de cette dissonance que vont surgir les problèmes de santé, tant biologiques que psychologiques.

Car, il ne suffit pas de vouloir (Cortex) guérir, aller mieux, se réaliser, etc., pour pouvoir (Cerveau émotionnel) guérir, aller mieux, se réaliser, etc. C'est bien là le problème, puisque la « porte » entre ces deux aspects ne s'ouvre que la nuit pendant le sommeil paradoxal, afin d'échanger sur les événements récemment vécus.

Oui, « récemment ». C'est bien ce qu'il faut retenir. En effet, le Cerveau Émotionnel va présenter les perceptions recueillies lors des dernières 24 heures, et il pourra également réajuster les Valences, les Encodages relatifs à une expérience, à une situation vécue, mis en place lors des

3 dernières semaines, mais pas au-delà. Passé trois semaines un Encodage mis en place ne sera plus jamais modifiable, il pourra seulement être renforcé à travers les prochaines expériences de vie.

Or, les premiers Encodages, les Encodages fondateurs, sont mis en place dans notre Cerveau Émotionnel lors de l'enfance, et même de la petite enfance. En effet c'est bien à ce moment-là de notre vie que nous avons vécu le plus de « premières fois » :

- Au moment de la naissance nous avons encodé les références relatives à ce qu'est : vivre, respirer, être touché, etc.

- Rapidement ensuite, nous avons encodé les références relatives à ce qu'est : manger, dormir dans un lit, les sons, les odeurs de la chambre, le bain, les couches, porter des vêtements, etc.

- Puis viendront d'autres expériences : la maison où vit la famille, le couple, être dans la voiture, dans la rue, etc.

- Et encore plus tard : la nounou, les autres membres de la famille, l'école, l'amitié, etc.

Or, lorsque vont se mettre en place ces premiers Encodages, via nos sens : vue, odorat, ouïe, goût, toucher, il n'y aura pas d'informations contradictoires ou simplement différentes, pertinentes, dans notre Cortex. Ces premiers Encodages vont donc être irrémédiablement, définitivement encodés, pour servir de références inconscientes à quasiment toutes nos perceptions, indépendamment de la logique ou de notre volonté, TOUTE NOTRE VIE.

Exemple concret :

Nathalie vient me consulter pour arrêter de fumer. Elle fume beaucoup, plus de deux paquets de cigarettes par jour. Elle a essayé toutes les méthodes disponibles : les patchs, l'hypnose, la sophrologie, etc. Rien n'a fonctionné. Elle m'indique même que dès qu'elle s'arrête de fumer plus de quelques heures, elle suffoque. Ce qui peut paraître paradoxal.

Selon la méthode STOP TABAC propre à l'EPRTH™, je m'occupe de désensibiliser les aspects de la pulsion liés au tabac pour cette patiente. C'est lors de la troisième séance que son Cerveau Émotionnel me livrera l'Encodage fondateur : Nathalie avait fumé dès sa naissance.

En effet, sa mère fumeuse s'était arrêtée de fumer pendant le temps de sa grossesse, mais juste après la naissance, la pulsion du tabac était revenue. À la clinique, elle se mettait à la fenêtre de sa chambre, et fumait quelques bouffées. Bien entendu, sans s'en rendre compte, elle gardait sur elle cette odeur de fumée, y compris lorsqu'elle prenait son bébé pour le nourrir. Nathalie avait donc encodé l'odeur de la cigarette, la fumée, comme étant une référence à la vie :

Vie = sécurité (maman) = odeur de tabac (fumée de cigarette). Une référence qu'elle avait renforcée tout au long de son enfance au milieu de parents fumeurs.

Lorsqu'elle essayait d'arrêter de fumer, son Cerveau Émotionnel rentrait en stress, puisque pour lui :

Ne pas fumer = ne pas vivre = ne pas être en sécurité + ne pas respirer.

Vous comprenez également que les Encodages peuvent rester longtemps silencieux dans votre vie, et se réactiver soudainement lorsque votre Cerveau Émotionnel

« reconnaîtra » à travers vos sens : vue, odorat, ouïe, goût, toucher, que les circonstances sont analogues. Or, ces circonstances peuvent très bien – d'un point de vue intelligent et logique (Cortex) – être tout à fait différentes.

Exemple :

Laura déclenche une sclérose en plaques lorsque son mari prend sa retraite et qu'ils vont pouvoir quitter la ville, où ils vivent depuis de nombreuses années, pour s'installer à la campagne.

Pourquoi ?

Parce qu'à 5 ans, ses parents et toute la famille avaient quitté la ville pour la campagne, et que son père était mort très peu de temps après.

Au moment même, où des années plus tard, son mari prononce les mots « quitter la ville pour la campagne », son Cerveau Émotionnel entre dans un stress tel qu'il fragilise son système nerveux (réflexe de base face à une situation de stress), au point de déclencher cette maladie qui aura également pour fonction d'empêcher ce déménagement, perçu par son Cerveau Émotionnel comme « danger de mort », son état nécessitant la proximité de l'hôpital.

- Le Cerveau Émotionnel encode, de façon sensorielle, les différents événements de notre vie.
- Lorsqu'il rencontre une nouvelle situation, il va l'encoder en tant que Référence. Cet Encodage fondateur va représenter la Valence attribuée à cette situation. Cette Valence est inscrite définitivement dans notre Cerveau Émotionnel, et fixe les perceptions sensorielles s'y rapportant.
- Cet Encodage est toujours accessible, et peut même se réactiver à tout moment, dès l'instant où ces différents paramètres sensoriels sont activés de façon similaire, et cela en dehors de toute logique consciente (Cortex).

L'EPRTH™ permet de mettre en cohérence le Cortex et le Cerveau émotionnel. Vous devenez Maître de votre vie. Désormais, votre corps, vos émotions et votre volonté avancent dans la même direction.

Bienvenue sur la planète « Morglub ! »

Aujourd'hui, vous avez décidé d'aller faire un tour sur la planète Morglub. Une planète dont le sol n'a jamais été foulé par une personne de votre connaissance.

Vous atterrissez, ou plutôt vous « Morglubez » avec votre fusée, et armé de tout votre courage, vous quittez l'espace protecteur de votre engin. Vous êtes alors tout à la fois impatient, excité et inquiet. Ce monde est-il habité ? Et si tel est le cas, ses occupants sont-ils bienveillants ou dangereux ? Tous vos sens sont aux aguets.

Vous avancez tranquillement la main crispée sur votre neurolaser, prêt(e) à dégainer à la moindre attaque. Et tout à coup, là devant vous se présente un extra-terrestre. Il n'est en rien comparable à ce que vous connaissez. Il est bien plus grand que vous, et émet des sons inconnus. Il n'a pas deux bras et deux jambes comparables aux vôtres, mais de grands tentacules qu'il agite en tous sens. Et justement, il en referme l'extrémité d'un et se frappe avec, à deux reprises, le milieu du front.

Cela est-il un geste menaçant ? Votre main se crispe un peu plus sur votre neurolaser. Tous vos sens sont en alerte maximale. Inconsciemment vous scannez chaque aspect de l'environnement, y compris chaque comportement, chaque son, chaque odeur émanant de votre hôte. Votre survie en dépend.

Mais ce « Morglubien » ne se montre pas du tout agressif. Petit à petit vous vous détendez, et vous commencez à apprécier l'instant présent. Il est très amical, vous proposant de partager son repas, et même son abri. Vous en déduisez, vous encodez, que cette manie qui consiste à se frapper le milieu du front avec un de ses tentacules est certainement un signe de bienvenue.

Tout se passe bien, vous êtes, à présent, totalement détendu, mais voilà que se présente un nouvel extra-terrestre. Il est en tout point identique au premier, sauf qu'il ne se frappe pas le milieu du front avec son tentacule. Ce n'est pas que cela vous gêne, mais quand même : l'Encodage qui s'est mis en place dans votre inconscient (Cerveau Émotionnel) et qui vous sert de Référence, n'est pas satisfait. Vous restez sur vos gardes : « Que veut-il ? », « Puis-je lui faire confiance ? », « Pourquoi ne me rassure-t-il pas en se frappant le milieu du front avec son tentacule ? ».

Des années après, alors que vous aurez appris à parler (Cortex) le morglubien, vous apprendrez que si votre ami extra-terrestre, le premier rencontré, se frappait ce jour-là, le milieu du front avec son tentacule, c'était parce que la veille il avait fait la fête avec des copains et qu'il avait trop bu de bière extra-terrestre. Il avait tout simplement très mal à son crâne morglubien.

Il n'empêche que, définitivement, chaque fois que vous croiserez un morglubien, et qu'il ne se frappera pas le milieu du front avec son tentacule, dans les premiers instants où vous le rencontrerez, vous serez sur vos gardes, tendu. Parce que votre Encodage inconscient (Cerveau Émotionnel), votre Référence première, sera ce geste. C'est ce geste que votre Cerveau Émotionnel aura associé, encodé, à la notion de sécurité sur la planète Morglub. Et jamais, jamais, vous ne pourrez la modifier volontairement.

Curieuse histoire n'est-ce pas ? Vous pensiez lire un chapitre qui vous serait utile dans votre vie quotidienne, pour résoudre un problème de santé, d'angoisse, etc., pour vous ou un de vos proches, et voilà que je vous parle d'un extra-terrestre avec des tentacules qui avait trop bu. De qui se moque-t-on ?

Pourtant ce voyageur qui atterrit sur une planète inconnue, c'est vous, c'est moi, c'est chaque être vivant sur cette planète Terre. Un jour, nous avons quitté le cocon rassurant du ventre maternel, pour arriver dans un monde peuplé de géants aux grands bras, aux grandes jambes, avec des sons, des odeurs inconnues. Tous nos sens étaient aux aguets, prêts à encoder chaque perception, comme autant de Référence à la vie.

Oui, **comme nous naissons, nous vivons**. C'est une certitude. La naissance est notre première et notre plus forte Référence :

Exemple concret :

Laure est une jeune fille de 17 ans. Sa mère me l'a envoyée parce que Laure souffre de Trichotillomanie. Un trouble qui l'amène, chez elle, à s'arracher les poils des sourcils. Elle a beau essayer de ne pas le faire, rien n'y fait, bien au contraire. Plus elle essaie de se contraindre, de se contrôler, plus le trouble s'aggrave.

Rapidement, je détermine que l'apparition de ce trouble a été consécutive à une rupture affective. Je traite en EPRTH™ cette zone de temps, et le trouble se calme, mais sans disparaître totalement.

Je note ensuite que Laure a eu plusieurs accidents (ski, vélo...), surtout dans la petite enfance, et à chaque fois il y a eu fracture. Je note également que ces fractures sont survenues en périodes de stress : examen manqué, déménagement de son frère aîné qui était parti faire ses études à l'étranger, etc.

Je traite ces différents traumatismes et leurs conséquences. À chaque pas, la Trichotillomanie recule. Mais ce n'est que lorsque j'ai pu traiter la naissance de Laure que le trouble a totalement disparu.

Pourquoi ?

Lors de sa naissance, en la sortant, le médecin lui avait cassé la clavicule. Conséquences : Le Cerveau Émotionnel de Laure avait alors fait l'Encodage suivant : vivre = souffrir physiquement (de préférence par fracture osseuse).

Chaque fois que les circonstances de sa vie la déstabilisaient émotionnellement, la réponse de son Cerveau Émotionnel était de rechercher une souffrance physique, afin de confirmer qu'elle survivait. Puisque dernièrement elle ne pratiquait pas de sport ni d'activité qui pouvait lui donner la possibilité de se blesser, son Cerveau Émotionnel avait déclenché ce trouble, cette Trichotillomanie, afin que la douleur produite puisse lui confirmer qu'elle survivait. La douleur était nécessaire pour calmer le stress de son Cerveau émotionnel.

- L'enfant qui a souffert physiquement à la naissance, voire même qui a été blessé (fracture, écrasement…) réactivera, provoquera inconsciemment une souffrance physique chaque fois qu'au cours de sa vie il sera déstabilisé.

Fort heureusement tous les bébés n'ont pas été blessés à la naissance. Mais cette blessure peut être invisible, car uniquement émotionnelle. N'oublions pas que le bébé est accroché à sa mère par le cordon ombilical. C'est-à-dire qu'il reçoit, via le flux sanguin, les hormones circulant dans le corps de sa mère. Lorsque la mère est stressée au moment de l'accouchement, au-delà du stress normal de la naissance, cela influe sur le ressenti de son bébé. Et cette imprégnation marquera l'Encodage qui sera fixé dans le Cerveau Émotionnel de l'enfant, comme étant la Référence à la vie :

Exemple :

Si la maman a peur : pour le bébé, vivre = avoir peur. Et l'individu cherchera inconsciemment à avoir peur, surtout lors des périodes difficiles de sa vie.

Cette imprégnation émotionnelle négative pourra avoir été générée bien plus tôt dans la grossesse.

Exemple concret :

Martine, une femme de 45 ans, était venue me consulter à la suite d'un état dépressif dont elle ne sortait pas. Après les questions propres au dossier EPRTH™, il m'apparut que cet état dépressif avait toujours été plus ou moins présent au cours de sa vie, et qu'il s'aggravait à chaque déception, rupture, etc.

Selon le protocole de l'EPRTH™, je m'employais à lever les différents traumatismes aggravants, en partant du plus récent, vers le plus ancien. Au fur et à mesure des consultations, Martine se sentait très nettement mieux. Mais demeurait encore ce fond de tristesse qu'elle ne comprenait pas.

Je décidais de nettoyer la zone temps de la gestation et de la naissance.

Or, lors de ce traitement, à 4 mois ½ de gestation, Martine entra dans un état de stress intense. Stress que je nettoyais, selon la technique EPRTH™, jusqu'à obtenir un total apaisement. Je continuais cependant de nettoyer la totalité de la gestation, la naissance, ainsi que les premières années de sa vie, et terminais la consultation selon le protocole.

Ma patiente affichait à présent un sourire que je ne lui connaissais pas. Je lui demandais alors de me dire, si à sa connaissance, sa maman avait vécu un choc émotionnel pendant sa grossesse. Elle me répondit : « Oui, ça doit être à cette époque que mon père est mort. ». Je m'étonnais de sa réponse, car lors de l'entretien préalable, elle m'avait indiqué que son père était en vie.

En fait, le père dont m'avait parlé ma patiente était celui qu'elle avait toujours connu, car il avait rencontré sa mère alors qu'elle-même n'était qu'un tout petit bébé. Et elle n'avait pas pensé important de parler de ce père qu'elle n'avait jamais connu.

Nous voyons bien ici que le corps du bébé, et donc son Cerveau Émotionnel, garde la mémoire des émotions traversées, même hors conscience. Ces émotions vécues par cette femme qui se retrouvait enceinte de 4 ½ mois, devenue veuve subitement, c'était également des hormones qui, via le cordon ombilical, avaient pénétré le corps du bébé. Un bébé qui avait alors ressenti de la peur, de la tristesse et du désespoir. Il est fort probable, également, que la maman de ce bébé avait mal vécu ensuite cette grossesse, ce que j'ai pu vérifier en traitant ma patiente sur ce laps de temps. Cette mère s'était donc « coupée » inconsciemment de son bébé. Dans ce cas, lorsqu'on traite cette zone de temps, le patient signale la plupart du temps : « j'ai froid ». Ce qui est précisément le ressenti du bébé dont la mère s'est coupée de son enfant en gestation. Cette sensation de froid s'accompagne toujours d'un sentiment de tristesse qui « enveloppera » l'enfant à naître. Cet enfant naîtra triste. Cette tristesse sera encodée au moment de la naissance comme étant un sentiment-Référence qui l'accompagnera tout au long de sa vie, tant qu'il n'aura pas été traité en EPRTH™.

- Lorsque le Cerveau Émotionnel rencontre une nouvelle situation, il va l'encoder en tant que Référence.

- Cet Encodage fondateur va représenter la Valence attribuée à cette situation.

- Cette Valence est inscrite définitivement dans notre Cerveau Émotionnel, et fixe les perceptions sensorielles s'y rapportant.

Téléphage, Télé-mort

Vous lisez le titre de ce chapitre, et peut-être vous dites-vous : « encore une de ces « intellos » ennemies de la télévision ». Détrompez-vous, j'adore la télévision, je suis même certainement une « addicte » de la télévision. C'est pratique et souvent varié, et comme il est bon de se « légumer » sur son canapé, le soir après une journée bien remplie.

Seulement moi, je suis une adulte. Ce qui n'est pas le cas de tous ceux qui sont devant la télévision. Souvent, elle sert de baby-sitter, et souvent aussi elle s'invite à la table familiale. Ce qui pose un problème très important, et qui peut poursuivre un individu toute sa vie durant.

Pour bien comprendre de quoi je veux parler, il faut savoir que le Cerveau Émotionnel ne fait pas la différence entre la réalité et la fiction. Comme nous l'avons déjà vu, le Cerveau Émotionnel n'est pas « intelligent », c'est un système automatique de la gestion de la biologie. Il réagit selon ses Encodages, et le plus rapidement possible. Or, pour les mettre en place, il va prendre les perceptions vécues et ressenties au moment de la première confrontation à une situation. Encodages qu'il renforcera, qu'il consolidera à travers les situations identiques ou perçues par lui, sur le mode sensoriel, comme étant identiques.

Or, il n'est pas obligatoire de vivre une situation pour que notre Cerveau Émotionnel mette en place un Encodage fondateur. En effet, grâce aux neurones miroirs, il peut

« apprendre » à travers des situations vues, entendues, lues, et donc vécues par une autre personne.

Exemple imagé :

Si ce soir, vous regardez un film d'horreur à la télévision, et que tout à coup, la jeune fille qui est seule dans une grande maison lugubre, ouvre une porte derrière laquelle un tueur sanguinaire se jette sur elle avec un grand couteau : vous sursautez, vous fermez les yeux. Bref, vous avez peur. Pourtant vous êtes adulte ! Et si vous êtes seul(e) chez vous, le film sitôt éteint, voire même avant, vous irez vérifier que les portes, les fenêtres sont bien fermées. Les plus impressionnables d'entre nous regarderont également dans la penderie, voire sous le lit.

Mais, le lendemain, tout cela, toutes ces peurs insensées auront disparu. Pourquoi ? Parce que pendant la nuit, pendant le sommeil paradoxal, votre Cerveau Émotionnel aura trouvé dans votre Cortex l'information suivante : ce n'était pas la réalité, mais une fiction. Il n'est donc pas nécessaire de garder cette information. Ce n'est pas nécessaire à ma survie.

Notre Cerveau Émotionnel d'adulte a été « impressionné » par cette expérience « vécue » par personne interposée, l'actrice, mais grâce à votre Cortex d'adulte, il a pu relativiser pendant notre sommeil paradoxal. Vous n'en garderez donc pas un Encodage, une cicatrice émotionnelle susceptible de se réveiller au moindre choc de votre vie.

Mais qu'en est-il pour un enfant ? Son Cerveau Émotionnel va enregistrer les paramètres sensoriels, parfois même sans rien en laisser paraître, puis lors de son sommeil paradoxal, son Cerveau Émotionnel va chercher à se « renseigner » auprès de son Cortex pour savoir s'il y a lieu, ou pas, de garder l'information, de l'encoder, pour un usage ultérieur. Toujours dans l'objectif premier : préserver la vie. Le processus est donc le même que chez l'adulte, à ceci près que le Cortex de l'enfant ne détient pas forcément la réponse. Ce qui est d'autant plus vrai si l'enfant est petit, voire tout petit ; pensez au bébé en bout de table dans sa chaise haute. Ne trouvant pas d'information contraire à la nécessité de mémoriser, il va encoder les différents paramètres, définitivement.

Vous vous dites qu'il serait insensé de laisser voir un film d'horreur à un petit enfant. Ce n'est pas faux. Mais il n'est pas nécessaire que les images, les actions soient aussi extrêmes. Qui n'a pas pleuré devant « Love story » ? Qui n'a pas été bouleversé par les informations, à l'heure du repas du soir, en apprenant une catastrophe naturelle, un attentat ou autre ? Ces émotions que vous avez ressenties, en tant qu'adulte, votre enfant petit, voire très petit, dans sa chaise haute ou sur le canapé, les a vécus aussi, mais ne les a pas « digérées » comme vous.

Les films, les informations ne sont pas les seules images à remettre en cause. Un dessin animé : Bambi qui perd sa maman, L'Ours dont la mère meurt écrasée…, un reportage sur des gens qui se jettent depuis une falaise pour voler, une publicité d'appel aux dons pour des enfants qui meurent de faim à l'autre bout de la planète, etc. Tout cela IMPRESSIONNE le cerveau de l'enfant, encode, au-delà même de ce que vous pouvez imaginer.

J'ai d'ailleurs eu, plus d'une fois, à traiter des personnes qui toute leur vie durant avaient traîné des angoisses, de la tristesse, etc. sans pour autant savoir d'où cela venait. Quelle ne fut pas leur surprise lorsque leur Cerveau Émotionnel ramena spontanément une de ces images télévisuelles anodines. Quelle incompréhension lorsqu'après avoir traité cette image encodée malencontreusement, les troubles disparaissaient totalement et définitivement.

- La télévision diffuse des images, des situations qui ne sont pas à mettre devant tous les yeux, et encore moins devant tous les Cerveaux Émotionnels.

- Même les informations, un reportage ou même un dessin animé peuvent « télécharger » un traumatisme dans le Cerveau Émotionnel. Ce traumatisme pourra induire immédiatement des perturbations émotionnelles et/ou physiques chez cet enfant. Il pourra également rester enfoui des années durant, et se réveiller, se réactiver à tout moment.

La plante verte

Je suis toujours choquée lorsque j'entends, parfois même des professionnels de la santé, déclarer à propos d'un petit enfant : « A cet âge-là… ce n'est pas bien grave. »

Justement, c'est quand l'individu est tout petit que ce qu'il vit sensuellement, émotionnellement, est le plus fondateur pour la mise en place des Encodages-Références.

Comme nous venons de le voir, lors des deux chapitres précédents, le cerveau de l'enfant ne va pas toujours parvenir à retraiter « intelligemment » l'information. Cette capacité de retraitement étant fonction des informations présentes dans le Cortex, qui à cette période de la vie est immature, car il détient peu ou pas d'informations pertinentes.

Nous avons vu également qu'un média aussi banal que la télévision peut avoir un effet dévastateur sur le devenir émotionnel d'un individu. Cependant, ce type d'information ne vient pas toujours à l'enfant via un média, mais bien plus souvent par son interaction avec son environnement. Or, si le parent va, le plus souvent, intervenir auprès du jeune enfant pour le rassurer, si celui-ci est perturbé, de nombreuses fois, le référent ne va pas forcément se rendre compte du trouble induit chez l'enfant :

1) Soit parce que l'enfant a tellement été choqué qu'il est sidéré, et donc sans aucune manifestation émotionnelle perceptible (ni pleurs, ni cris, etc.).

2) Soit parce que le parent pense que l'enfant présent ne peut pas avoir compris ce qui vient d'être dit.

1) **L'enfant non réactif suite à une sidération :**

Exemple imagé :

- Benjamin est un petit garçon de 11 mois.
- À l'heure du repas, maman a positionné Benjamin dans sa chaise haute, dans la cuisine, pendant qu'elle prépare le repas.
- Maman, par inadvertance, met le feu à un torchon. Elle crie brièvement, attrape le torchon, le jette dans l'évier et fait couler l'eau. L'alarme incendie se met en route. Elle se précipite pour l'arrêter.
- Elle se retourne vers Benjamin qui ne semble pas avoir été perturbé. Il est là dans sa chaise haute, son jouet à la main. Maman retourne à la préparation du repas.

Mais Benjamin n'est pas une plante verte. Il a tout enregistré : la panique de maman + le cri de maman + la flamme sur le torchon + l'odeur du brulé + l'heure du repas + le hurlement de l'alarme + ce qu'il mangera ensuite + etc.

Des années plus tard, Benjamin regardera un film d'action à la télévision, avec un incendie + des flammes + des cris, etc. Cela réactivera l'Encodage premier, chez Benjamin.

Des années encore plus tard, l'étudiant qui occupe la chambre voisine de la sienne à la cité universitaire, mettra, par inadvertance, le feu au rideau de sa chambre : odeur de brûlé + sirène d'alarme + cris.

Et Benjamin entrera en panique.

Une panique qui désormais le condamnera à : des angoisses récurrentes, ou un trouble alimentaire (heure du repas lors de l'Encodage de base), ou… etc.

Pourquoi ?

Parce que désormais, ces Encodages émotionnels et sensoriels qui sont liés au premier feu de sa vie ont été renforcés et vont <u>automatiquement et systématiquement</u> activer le circuit court de la peur, pour donner lieu à une crise de panique.

2) **L'enfant du bout du bras :**

Les adultes ont la très fâcheuse habitude de parler de tout et de rien devant les petits enfants. Pourtant l'enfant qui est dans la poussette, dans son berceau, ou au bout du bras de maman qui le tient par la main dans la rue, etc., n'est pas une plante verte !

Même s'il ne comprend pas précisément tous les termes de la conversation, un petit enfant peut enregistrer quelques mots, et surtout il perçoit, via la communication non verbale, de son référent (l'adulte qui l'accompagne et qui prend soin de lui) ce que celui-ci ressent. Il va donc encoder ces quelques mots pris au hasard avec le ressenti du référent pour en faire un Encodage.

<u>Exemple concret :</u>

Émilie était une jeune fille de 10 ans qui avait une peur panique du feu. Avec elle et sa maman, nous avons rapidement déterminé qu'il y avait eu un incendie dans un immeuble proche de chez elle, l'année précédente. Je décide de désensibiliser ce traumatisme, et Émilie commence à aller mieux. Mais ce n'est que lorsque son Cerveau

Émotionnel a accepté de nous ramener un souvenir immature lorsqu'elle avait moins de 3 ans, que le problème a totalement cédé.

Que s'était-il passé ? La maman d'Émilie se rendait au marché, sa fille à la main, lorsqu'elle avait croisé une voisine qui lui avait parlé d'un incendie qui s'était passé dans une ville voisine. Incendie dans lequel plusieurs personnes avaient péri. La maman avait été très choquée, bouleversée, sur le moment. Émilie l'avait ressenti et en avait été traumatisée silencieusement.

Bien entendu, ce qu'Émilie avait ramené lors de la séance n'était pas aussi explicite. Ce n'était que des bribes d'images : son doudou dans sa main, la couleur de son petit manteau, un pigeon qui trottait sur le trottoir, la jupe d'une femme…, et ce n'est que lorsqu'elle en a parlé ensuite avec sa maman que celle-ci s'est rappelé l'incident.

Alors que faire ?

Il n'est pas possible de protéger le petit enfant de tout. Mais ce qui est important, c'est de parler immédiatement avec lui de ce qui vient de se passer, afin de lui laisser la possibilité, s'il en a l'âge, d'échanger avec vous sur ce qui vient d'être dit, voire de désamorcer, de dédramatiser la réaction d'un tiers. Si l'enfant est vraiment petit, dans ce cas, le petit câlin, la voix rassurante, etc. lui permettront certainement de sortir d'une éventuelle sidération, ce qui donnera peut-être lieu à des pleurs. Des pleurs dont il ne faudra pas s'inquiéter, car ils seront la preuve d'une libération émotionnelle.

D'autre part, n'oubliez pas qu'en parlant, avec des paroles rassurantes, sur un événement qui vient de se passer, même avec un nourrisson, vous téléchargez de l'information dans le Cortex de votre enfant. Ainsi, lors du sommeil paradoxal, son Cerveau Émotionnel pourra « trier » de façon plus pertinente les données encodées et éviter, la plupart du temps, une cicatrice émotionnelle qui sinon pourrait se réveiller à tout moment au cours de sa vie.

- Même lorsqu'un enfant est tout petit, il « télécharge » dans son Cerveau Émotionnel différentes informations sensorielles qui vont constituer pour lui des premiers Encodages.

- Ces Encodages sont susceptibles de se renforcer, voire de se réactiver à tout moment au cours de sa vie.

Les bons sentiments

Comme nous venons de le voir, lors du chapitre précédent. Il n'est pas nécessaire de laisser un enfant en bas âge devant un film d'horreur pour que son Cerveau Émotionnel encode un traumatisme prêt à se réveiller au moindre choc, à la moindre expérience vécue, car perçue par lui comme similaire. Parfois même, le parent pense permettre à son enfant de s'éveiller à la tolérance, à l'ouverture aux autres, et il fait fausse route. Ce qui peut s'avérer très pénalisant pour l'individu en devenir.

Exemple concret :

Lors de mes consultations, j'ai remarqué, depuis ces dernières années, un certain nombre de jeunes, principalement des garçons, entre 25 et 32 ans qui n'avaient pas d'activité sexuelle. Qui n'avaient jamais eu d'activité sexuelle, en dehors d'onanisme (masturbation). Je remarquais également que l'idée d'un passage à l'acte avec un, une partenaire s'accompagnait de beaucoup d'anxiété. Or chez nombre d'entre eux, il n'y avait pas de traumatisme en lien avec une sexualité perçue comme « sale » ou « malsaine », mais seulement avec une peur panique de la mort. Or, ce que ces consultations ont révélé est bien loin de ce que l'on pourrait envisager :

Dans 70% des cas, l'Encodage qui est spontanément remonté, et dont la pacification a permis la mise en place d'une sexualité partagée est :

Un spot télé d'information sur le sida !

Que s'est-il passé ? Il semble que ces personnes avaient été confrontées très jeunes au message suivant : **sexe =**

mort, au sein même de leur famille, devant la télévision familiale, à l'heure du repas, par le biais de ces spots télé censés protéger la population.

Or cette imprégnation s'étant faite à un âge très immature, elle était entrée en conflit avec le message de base du Cerveau Émotionnel, « se reproduire pour permettre à la race humaine de survivre », et avait pris le dessus.

<u>Bien entendu :</u>

- Je ne dis pas qu'il ne faut pas faire de l'information sur les risques du sida. Ce serait totalement irresponsable. Mais, il me semble que les spots télé d'information à ce sujet n'ont rien à faire sur les écrans de télévision aux heures où de petits enfants sont susceptibles de les voir.

- Nous ne devons jamais oublier qu'un enfant – et à plus forte raison un petit enfant – n'a pas toutes les références conscientes (Cortex) qui lui permettraient de comprendre toutes les informations qu'il reçoit au cours d'une journée, et donc encore moins d'en faire le tri lors du sommeil paradoxal.

- Or s'il ne nous viendrait pas à l'idée de laisser un enfant de 3 ans devant un film X, nous ne nous méfions pas, si à l'heure du repas, il visionne, par exemple, un spot sur le sida, et/ou des images sexualisées.

- Pourtant, dans un cas comme dans l'autre, le Cerveau émotionnel de l'enfant va « télécharger » des informations qu'il n'est pas censé recevoir à cet âge immature.

- Ces informations vont pourtant être encodées et vont s'activer au moment où la sexualité sera d'actualité dans la vie de l'individu. Ce qui peut s'avérer extrêmement problématique.

Balayer devant sa porte

Savez-vous que Freud lui-même a utilisé le balayage oculaire ?

Freud était un homme de son époque. Il évoluait dans une société en recherche, et il s'intéressa aux différents courants de pensée de la fin du 19ème siècle, début du 20ème, comme le spiritisme (faire tourner les tables) qui faisait fureur dans les salons, et surtout à l'hypnose qui commençait à faire parler d'elle.

C'est ainsi qu'il commença à inclure dans ses séances, auprès de ses patients, des mouvements de balancement de sa montre à gousset au bout de sa chaîne, alors que le patient en question était positionné, semi-allongé, sur le fameux divan.

Malheureusement, la faculté qui à l'époque considérait l'hypnose comme du charlatanisme s'en est inquiétée, et Freud cessa d'inclure le balayage oculaire à ses séances.

Quel dommage ! Son travail aurait peut-être bien pris une autre direction.

Cependant Freud ne fut pas le précurseur du balayage oculaire. Les Chamans amérindiens et autres Sorciers utilisent le balayage oculaire, depuis la nuit des temps.

C'est d'ailleurs à cette approche des Chamans amérindiens à laquelle je me suis intéressée, fin des années 80. Ces chamans utilisent principalement ces balayages oculaires lors de la cérémonie qui conduit l'enfant vers son identité d'adulte. Ces balayages des yeux et de la tête étant censés les nettoyer des souffrances issues de leur enfance, pour ainsi entrer dans cette nouvelle phase de leur vie, débarrassés de ces scories.

Dans le cadre de cette approche, j'ai eu la chance, au début des années 2000 de rencontrer le Dr Bouquet, un médecin, une femme très positive, qui organisait des formations autour de ce qu'elle-même avait reçu de Maude Séjournant, une thérapeute qui partage le travail de Don Miguel Ruiz, l'auteur des » Quatre Accords Toltèques », chaman amérindien bien connu. Cette approche se nomme le DESCOPEM. Une technique intéressante, bien que très incomplète à mon sens, dont j'ai parlé dans un chapitre du livre « Apprendre à s'accompagner soi-même après un trauma », de Lucie Pétrin et André Benoit, tous deux psychologues canadiens.

Qu'est-ce que le balayage oculaire ?

Imaginez que vous ayez un balai à la main, et que vous fassiez des allers-retours, sur le sol, avec la brosse juste devant vous, toujours à une même cadence. Vos allers-retours sont réguliers, en longueur et toujours au même rythme.

Voilà ce qu'est le balayage oculaire. Sauf, qu'il ne s'agit pas de balayer les poussières du sol, mais de permettre aux yeux du patient d'effectuer ce mouvement de façon la plus involontaire possible, en suivant le mouvement de la main, ou du dispositif, agiter devant ses yeux par le praticien.

De gauche à droite, de droite à gauche, de gauche à droite, de droite à gauche, etc.

Enfin, pas tout à fait. En EPRTH™ nous avons quelques variantes, mais je n'en dirais pas plus. Nous avons également des tapotages alternés, mais là non plus je ne vous en dirais pas plus. Non que je veuille vous cachez quelque chose, mais cela ne vous serait utile en rien, puisque ces variations répondent à des besoins internes à certaines consultations, auprès de certains patients, selon un protocole thérapeutique propre à cette technique.

Cela dit d'autres techniques de balayage oculaires ont également essayé certaines variantes. C'est notamment le cas de l'IMO (Intégration par le Mouvement Oculaire) une neuro-thérapie créée en 1989 par Connirae et Steve Andreas. Une technique qui ajoute à des balayages oculaires lents et horizontaux, différents balayages transversaux selon un protocole complexe que j'ai très vite abandonné, car il ne me paraissait pas pertinent. En effet, il s'avérait très fatigant pour le patient, et ne faisait en rien avancer le travail auprès de celui-ci, au contraire. Bien souvent le patient qui devait rester vigilant, concentré, pour pouvoir suivre tous ces changements de sens, ne demeurait pas suffisamment détendu pour faire du bon travail.

En 2003, suite à la sortie du livre « Guérir » de David Servan-Schreiber, l'Europe, et avant cela les USA, par le travail de Francine Shapiro, sembla redécouvrir le balayage oculaire. Pourtant il suffit de regarder une personne, un bébé, ou même un chien lorsqu'ils dorment pour se rendre compte que lors d'une certaine phase du sommeil, lors du sommeil paradoxal, les yeux du mammifère effectuent des mouvements latéraux rapides, derrière les paupières fermées.

Les neurosciences nous expliquent qu'il s'agit d'une phase d'intégration. Votre Thérapeute EPRTH™ vous parlera plutôt de tri des informations sensorielles récoltées par le Cerveau Émotionnel, tout au long des dernières 24 heures, et qu'il présente une à une au Cortex, siège de l'intelligence et de la réflexion, afin que celui-ci l'éclaire sur la pertinence à garder ou pas certaines d'entre elles. Toujours dans le but de préserver la vie de l'individu.

Exemple imagé :

Imaginez un professeur, un savant reclus dans sa bibliothèque, occupé à réfléchir sur ce qu'il voudrait faire, au bienfondé de ce monde, etc. Il pense. Il est intelligent. Mais, comme il ne sort jamais et qu'il n'a aucun média à sa disposition pour cela, il ne remet pas ses informations à jour.

Mais voici l'idiot du village. Il ne pense pas beaucoup, voire pas du tout. Mais il est fort physiquement, et surtout il a des sens super développés. Il dispose de l'Ouïe pour tout entendre de ce qui se passe autour de lui tout au long de la journée ; de l'Odorat pour les odeurs ; du Goût pour jouir des saveurs, ce qui est bon, ce qui ne l'est pas pour lui ; de la Vue pour voir tout ce qui est dans son champ visuel ; du Toucher pour ressentir le vent sur sa peau, ses vêtements, ce qui le frôle, le touche tout au long de la journée, lui donne du plaisir sensuellement, mais aussi ce qui le blesse.

Tout au long de la journée, le Professeur et l'Idiot vivent leur vie indépendamment l'un de l'autre. Mais pendant quelques brefs instants de la nuit, ils vont pouvoir échanger leurs données. Le Professeur va brièvement ouvrir sa porte à l'Idiot. Celui-ci va lui soumettre les diverses émotions, les diverses impressions sensorielles des dernières 24 heures, afin que celui-ci lui indique ce qu'il est utile pour lui de garder en mémoire, pour pouvoir survivre.

L'Idiot ne lui soumettra que les informations récentes. D'abord parce qu'il a peu de temps pour le faire. Ensuite, parce qu'en ce qui concerne les informations récoltées lors des jours, des mois, des années précédents, le travail d'échange avec le Professeur a déjà été effectué. L'Idiot les a encodées en tant que Références à garder.

Ce système fonctionne bien, du moins si le Professeur est un sage et qu'il détient les informations nécessaires pour aider intelligemment l'Idiot. Mais que se passerait-il si le Professeur n'avait aucune information pertinente en sa possession, aucun livre dans sa bibliothèque. Si le Professeur n'avait pas encore eu le temps d'étudier ?

C'est ce qui se passe lorsque l'enfant est tout petit. L'Idiot du bébé : son Cerveau Émotionnel, a les mêmes fonctionnalités que l'Idiot de l'adulte : la biologie et la survie. Mais le Professeur du bébé : le Cortex, la pensée articulée, ne détient pas encore assez d'informations pour aider l'Idiot à faire son tri.

Ainsi, bien que le balayage oculaire se fasse de la même façon, lors du sommeil paradoxal du bébé tout comme lors de celui de l'adulte, il ne permettra pas d'éviter la mise en place d'Encodages traumatiques, de cicatrices émotionnelles, qui seront d'autant plus marquants qu'ils seront des Encodages fondateurs sur lesquels le Cerveau Émotionnel établira toute sa perception du monde et de la vie.

C'est pourquoi, même s'il est vrai que le balayage oculaire apaise la réaction émotionnelle du patient, lors de sa consultation chez le thérapeute, cela ne suffit pas pour le délivrer DURABLEMENT, définitivement, du ou des traumatismes responsables de ces manifestations émotionnelles.

Le balayage oculaire seul ne suffit pas. Il faut également s'occuper de charger ou de recharger certaines informations pertinentes, au niveau du Cortex. Ce qui demande un protocole rigoureux et propre à l'EPRTH™. Faute de quoi l'apaisement obtenu n'est que superficiel, voire même dangereux. Car l'alerte qui affleurait n'étant plus là, lorsque la personne sera soumise, de nouveau, à un traumatisme similaire, son Cerveau Émotionnel, ne trouvant plus le chemin à emprunter, il entrera en panique, voir même dans un état de choc profond.

C'est ce que j'ai progressivement compris, en travaillant auprès de mes patients, et c'est ce qui permet à l'EPRTH™ d'être très nettement plus efficace que d'autres techniques de balayage oculaires, non seulement à court terme, mais également à long, voire à très longs termes. DÉFINITIVEMENT. ***Ce qui est traité en EPRTH™ est traité pour toujours.*** Sans risque de réactivation ultérieure.

- Le balayage oculaire est connu et utilisé, depuis la nuit des temps, par les chamans amérindiens.

- C'est une porte d'entrée privilégiée pour entrer en contact avec le Cerveau Émotionnel.

- Il ne suffit pas de pratiquer le balayage oculaire pour obtenir des résultats intéressants et durables.

- Une procédure rigoureuse répondant à un enchaînement particulier est nécessaire.

L'EPRTH™ utilise le balayage oculaire au cours d'une procédure novatrice, dont chaque élément est indispensable.

Conscience ou pas conscience

Depuis que j'ai créé l'EPRTH™, j'ai lu à plusieurs reprises des mails, des courriers, pas toujours très aimables, pour me dire qu'en fin de compte je m'étais contenté de mélanger le balayage oculaire et l'hypnose.

J'ai même vu fleurir ces dernières années des tentatives de techniques qui, voulant obtenir d'aussi bons résultats qu'en EPRTH™, essayent d'effectuer des balayages oculaires, alors que le patient est en hypnose. Bien entendu, les résultats obtenus ne sont pas les mêmes. Ce n'est pas possible.

Pourquoi ?

Parce que l'état optimum dans lequel se trouve le patient lors du traitement EPRTH™ n'est pas un état hypnotique. Le patient est parfaitement conscient de ce qui se passe, il ou elle est acteur/actrice du traitement. Mais il se sent détendu, pris en charge, en sécurité. Son état est plus proche de la méditation que de celui de l'hypnose.

Or cet état particulier ne peut pas s'obtenir avec les techniques de mise en hypnose. Les thérapeutes EPRTH™ qui sont également hypnothérapeutes le disent. C'est un travail tout à fait particulier et très précis qui demande cependant une certaine intuition que le nouveau thérapeute va devoir acquérir au fil des consultations. Il faut du temps pour faire un Thérapeute EPRTH™.

Souvent, le thérapeute devra « oublier » certaines habitudes prises lors d'autres formations. Il ou elle devra lutter contre une certaine tendance, que nous avons tous, à tirer des conclusions, à vouloir « supposer » les raisons du trouble. Il ou elle devra également développer son observation « neutre » et sa capacité à la communication non verbale.

Cependant, grâce à la procédure qui est très stricte, quelle que soit son ancienneté dans la technique EPRTH™, il ou elle ne pourra pas nuire à son patient. Bien au contraire. Même s'il n'avancera pas forcément, dès le début, aussi vite qu'un thérapeute expérimenté, il libérera toujours son patient bien plus rapidement qu'avec nombre d'autres techniques.

D'ailleurs, bien souvent le thérapeute va peu à peu abandonner ses anciennes pratiques pour consacrer entièrement sa consultation à l'EPRTH™. Tout simplement parce que cela lui permet d'obtenir des résultats nettement supérieurs, et de façon bien plus rapide et fiable.

Donc, n'ayez pas peur. Avec l'EPRTH™, il n'y a aucun risque que vous vous retrouviez en train de caqueter comme une poule, ou que vous vous preniez pour une danseuse étoile. Comme on le voit parfois lors d'émission sur l'hypnose à la télévision.

À chaque instant vous demeurerez conscient et acteur de votre guérison.

- L'EPRTH™ ne s'improvise pas.
- Il s'agit d'une technique novatrice et fiable.
- Pris en charge par un Thérapeute EPRTH™ confirmé, le patient se sent rapidement beaucoup mieux. Il progresse constamment et durablement, jusqu'à la guérison complète.

Un emplâtre sur une jambe de bois

L'époque que nous vivons n'est pas exactement celle que je préfère, et notre Cerveau Émotionnel non plus. Trop de virtuels, trop d'immédiateté, pas suffisamment de sens, et tellement de peurs que tout cela génère.

Mais il faut reconnaître que côté efficacité, dans pas mal de domaines, ça assure !

Si je veux me rendre depuis chez moi sur mon lieu de vacances, je ne devrai plus étudier la carte routière pendant des heures, afin d'optimiser mon trajet, et encore moins entamer un pré-divorce avec mon conjoint, dans la voiture, parce que « d'après lui » je ne sais pas lire une carte.

Il nous suffit désormais d'enclencher le GPS, à peine sommes-nous montés dans la voiture, pour être pris en charge de la façon la plus efficace, jusqu'à notre destination.

Et il en est de même pour :

- La télécommande de la télé. J'ai connu la « joyeuse » période où il fallait s'arracher au confort moelleux du canapé chaque fois qu'on voulait changer de chaîne. J'ai même connu un monde sans télé. Si, si je vous assure ! Mais je ne le dis pas trop fort. Faute de quoi mes fils vont encore me traiter de dinosaure.

- Les réseaux sociaux qui nous relient instantanément au reste du monde, même au pire de celui-ci, n'existaient pas.

- Internet qui nous renseigne, en un seul « clic » aussi bien sur la recette de la pizza que sur les guerres napoléoniennes. Non plus.

- Les volets qui se ferment tous seuls, en appuyant sur un simple bouton, ou encore mieux depuis notre bureau, à l'aide de notre téléphone portable relevaient de la fiction.

- Le frigo qui nous indique ce qu'il faut racheter, voire même le frigo intelligent qui passe commande pour nous, via notre interphase, etc. Un rêve…

Alors pourquoi devrions-nous attendre pour aller mieux, sous prétexte que l'on souffre d'un problème physique, psychologique, émotionnel, relationnel, etc. ?

Comme nous l'avons vu, le Cerveau Émotionnel de l'humain moderne est le même que celui de Cro-Magnon. Voyons donc ce que peuvent faire ces diverses thérapies pour Madame Cro-Magnon. Et en quoi, elles diffèrent de l'EPRTH™.

Exemple imagé :

Mme Cro-Magnon s'est brûlé le pied, en marchant sur une des braises du feu, alors qu'elle préparait le repas du soir. Depuis elle a peur de s'approcher du feu. Le moment du repas est même devenu une épreuve.

- L'Hypnose l'amènera à imaginer que ce n'était pas une braise, mais une banane. Ce qui lui permettra, pendant un certain temps, « d'oublier » sa douleur et sa peur. Mais cela ne pourra pas toujours tenir éternellement. Tôt ou tard, dans un jour, un mois, un an ou dix, la douleur risquera de retrouver le chemin de sa conscience, et elle aura peur à nouveau. Elle pourra même déclencher une véritable phobie du feu ou des bananes. Ce qui ne fera pas l'affaire de Monsieur Cro-Magnon qui devra soit manger cru, soit apprendre à cuisiner lui-même, soit se trouver une autre compagne.

- Une Psychanalyse lui apprendra le mot « braise », lui permettra d'intégrer le fait que si elle a peur, c'est justement parce qu'elle a marché sur une « braise », lui rappellera que la « braise » est issue du feu, et l'amènera progressivement à accepter le fait que le feu, ça brûle.

- La médecine, avec ses anxiolytiques, ses somnifères et autres calmants lui feront « oublier » chimiquement qu'elle a peur. Au risque qu'elle ne se brûle à nouveau par manque de précautions, ou encore qu'anesthésiée de la sorte, elle ne s'aperçoive pas que son pied brûlé est en train de se nécroser, entraînant la gangrène qui peu à peu va progresser. Une augmentation des divers comprimés deviendra alors nécessaire, afin de lutter contre l'accoutumance aux substances, sans pour autant soigner le mal initial, et cela jusqu'à ce que la gangrène ait tellement progressé que la mort deviendra une délivrance[15].

15

- L'EMDR lui donnera une compresse fraîche pour calmer la douleur. Mais, en aucun cas, elle ne lui donnera des chaussures pour prévenir la prochaine brûlure. Bien au contraire, le soulagement lui aura fait « oublier » superficiellement la douleur et sa peur. Mais lors de la prochaine brûlure, non seulement Madame Cro-Magnon aura mal, mais elle réactivera aussi, simultanément, l'ancien souvenir de la précédente brûlure. Et la peur que cela déclenchera la terrorisera parfois irrémédiablement.

- L'EPRTH™ va, en une seule séance :
    - Lui donner une compresse fraîche pour calmer la douleur,
    - L'amener à revenir sur toutes les phases de l'incident, en permettant à son Cerveau Émotionnel d'intégrer le fait que la douleur était temporaire, que l'incident était isolé et qu'elle a survécu,
    - Lui fournir des chaussures,
    - Et valoriser tous les souvenirs positifs relatifs au feu (cuisson, chaleur, protection, etc.).

On estime à 43% le pourcentage de personnes de plus de 45 ans qui consomme des Médicaments psychotropes.

Référence : http://www.ipubli.inserm.fr/bitstream/handle/10608/2072/?sequence=9

Il n'y aura plus jamais de risque pour Madame Cro-Magnon de marcher sur une braise, en préparant le repas familial, et surtout : elle prendra, à nouveau, du plaisir à préparer le repas pour Monsieur Cro-Magnon.

Note : Ce n'est pas parce que cet exemple montre que c'est Madame Cro-Magnon qui prépare le repas pour Monsieur Cro-Magnon que je sous-entends que c'est toujours aux femmes de servir les hommes. Celles et ceux qui me connaissent savent que ce n'est pas là mon point de vue conscient. Cependant, même si la féministe que je suis a un peu de mal à l'admettre, nos Cerveaux Émotionnels d'êtres humains sont tout à fait réactionnaires. Ainsi, le Cerveau Émotionnel d'une femme n'est pas le même que celui d'un homme. Tout simplement parce que face à la biologie nos fonctions ne sont pas les mêmes. Ainsi la femme est biologiquement programmée pour porter les enfants et assurer leur survie. Et l'homme pour semer aux quatre vents ses spermatozoïdes, afin de favoriser le plus de descendants possibles. Le risque de mortalité enfantine, dans la nature, étant souvent très élevé.

Fort heureusement, nos cortex respectifs, sous le filtre de notre mise en conformité avec la société dans laquelle nous vivons, freinent ces pulsions primaires (mais pas toujours !).

Dans un monde de performance, l'EPRTH™ a toute sa place. Elle permet :

- De guérir rapidement et définitivement.
- Désormais, vous pouvez conduire votre vie dans la direction qui vous convient.
- Vous êtes libre et vous êtes au mieux de vos performances.

Les troubles qu'il est possible de traiter avec l'EPRTH™

La liste des troubles sur lesquels l'EPRTH™ peut intervenir avec bénéfice est sans fin.

Du moment où ce n'est pas lésionnel, il est possible d'obtenir de bons résultats rapides et définitifs.

En résumé :

Si vous vous êtes tranché un doigt, on ne le fera pas repousser.

- Mais, on pourra effacer le choc de l'accident, effacer le traumatisme.
- On pourra vous permettre de lever l'Encodage qui vous a amené à vous nuire ainsi, et apprendre à votre Cerveau Émotionnel à ne pas renouveler l'expérience.
- On pourra vous permettre d'accepter ce nouvel état sans souffrance.

LIKE

Exemples de traitements EPRTH™

Il ne s'agit là que de quelques exemples.

Il est possible avec l'EPRTH™ de traiter toutes les formes de troubles physiques, émotionnels du moment où ils ne sont pas lésionnels.

Il est également possible de traiter des comportements, des échecs récurrents, des problèmes relationnels, etc.

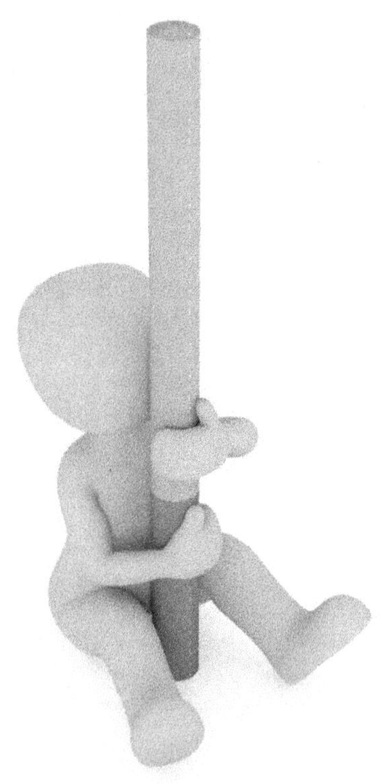

Addictions

Il existe de nombreux types d'Addiction. Les plus connus étant :

- Addiction au tabac,
- Addiction à l'alcool,
- Addiction aux drogues,
- Addiction au jeu,
- Addiction au sexe,
- Acheteur(euse) compulsif(ve), etc.

Généralement le Thérapeute EPRTH™ demandera à son patient d'être suivi, parallèlement, par une association de type Joueurs Anonymes, Alcoolique Anonyme, etc.[16]

Pourquoi ?

Tout simplement parce que le Thérapeute ne peut pas être disponible 24h/24H, ce qui peut amener le patient à reprendre le chemin de son addiction, surtout lors des moments de solitude et/ou de stress, entre deux consultations, le temps que tous les Encodages soient levés.

---

16 Sauf, bien entendu, pour l'addiction au tabac.

Le Parrain a alors toute sa place dans le processus de guérison.

Quelle est la valeur ajoutée de l'EPRTH™ pour guérir d'une addiction ?

L'Addiction agit sur l'individu à plusieurs niveaux :

- Dépendance à la substance. Y compris pour une Addiction au jeu ou à l'achat compulsif. La substance est alors le shoot hormonal, telle l'adrénaline.

- Dépendance au geste,

- Dépendance au milieu,

- Dépendance émotionnelle.

L'EPRTH™ permet de traiter la dépendance émotionnelle, en traitant le ou les Encodage(s) fondateur(s) à cette Addiction.

Le résultat est spectaculaire, le corps a « oublié » le plaisir lié à la substance. Il la rejette.

L'Addiction au tabac se traite en EPRTH™ en maximum 5 séances.

Bien souvent, le patient arrête de fumer bien avant la cinquième séance. Dès la seconde séance, il s'arrête spontanément de fumer, pendant au moins 4 jours, voire définitivement.

Anxiété, Angoisses, Peurs

Anxiété, Angoisses et Peurs prennent en otage la vie de la personne qui en souffre au quotidien. Bien souvent celui ou celle qui les subit à l'épouvantable impression de ne jamais pouvoir en sortir. Pourtant, je peux vous l'affirmer, sans l'ombre d'un doute : l'Anxiété, les Angoisses et les Peurs se traitent très bien avec l'EPRTH™.

Je ne peux pas vous garantir qu'elles s'envoleront totalement en seulement une ou deux séances. Mais ce que je sais, c'est qu'après chaque consultation, vous constaterez un mieux. Un mieux constant. Vous reprendrez le contrôle de vos émotions, de votre quotidien.

D'autre part, le Thérapeute EPRTH™ vous indiquera des outils, de brefs exercices, qui vous permettront de reprendre le contrôle rapidement en cas de crise, en attendant d'avoir pu traiter l'Encodage fondateur, cause de ce trouble.

Exemple concret :

Martin est un homme de 42 ans quand il vient me consulter pour la première fois. Il souffre de crise de panique qu'il ne s'explique pas, depuis environ 10 ans. Il en vient à se demander s'il n'est pas en train de devenir fou. Un lointain parent ayant souffert de troubles mentaux, il se questionne sur le risque d'une maladie mentale familiale. Il avait pour cela consulté 4 ans auparavant un psychiatre réputé qui n'avait rien trouvé de mieux à lui répondre, après pourtant une dizaine de consultations, alors qu'il le questionnait à ce propos : « Il est trop tôt pour le dire ».

À dater de ce moment-là, Martin s'était mis à ajouter à ses crises d'anxiété, la terreur de devenir fou. Ce qui n'avait rien arrangé à l'affaire.

Loin de ces considérations, je me contentais d'appliquer la procédure de l'EPRTH™, à laquelle Martin réagit très bien. Mais depuis 10 ans, le nombre de fois où il avait vécu ces crises de panique était élevé. Or chaque crise, y compris la « réflexion » du psychiatre réputé, avait renforcé l'Encodage fondateur qui, pour lui, se trouvait à la source même de sa vie.

Aussi, me fallait-il remonter le temps et les traumatismes avec méthode, avant de pouvoir traiter cet Encodage fondateur.

Cependant, après chaque consultation, Martin était suffisamment soulagé pour pouvoir à nouveau travailler, et envisager un avenir. Au point même qu'il décida de consulter un Praticien en Hypnose, à la place de l'EPRTH™, car ce praticien était plus proche de chez lui, Martin vivant à 5 heures de route de mon cabinet.

Cependant, comme c'est toujours le cas, si les séances d'hypnose le soulageaient quelques jours, l'anxiété revenait rapidement et reprenait de l'intensité au fur et à mesure que les mois passaient. Il décida donc de rependre nos consultations en EPRTH™ et de s'y tenir jusqu'à ce que l'Encodage fondateur soit traité.

Il ne nous fallut que cinq séances en tout, y compris celles avant l'hypnose, pour que le problème soit réglé, totalement nettoyé, et cela définitivement.

Anticiper avec l'EPRTH™

Grâce à l'impossibilité du Cerveau Émotionnel de faire la différence entre la réalité et la fiction, il est possible de préparer un événement à venir, de façon à ce qu'il se déroule au mieux des attentes du patient.

Cela permet, entre autres de :

- **Préparer une compétition**, afin de mieux pouvoir mobiliser le corps :

  J'ai travaillé avec plusieurs sportifs de haut niveau. Souvent, ils m'ont consultée ou ont consulté un des thérapeutes EPRTH™ que j'ai formés, suite à une blessure qui, bien qu'elle soit guérie physiquement, avait laissé dans son sillage des contre-performances, voire même des blocages.

Exemple concret :

Stéphanie, au moment où elle me consulte, est une perchiste de haut niveau. Elle avait été blessée, lors d'un entraînement. Sa perche s'était brisée et lui avait entaillé l'avant-bras sur toute la longueur. Heureusement, bien que la douleur ait été violente, et la blessure suffisamment grave pour nécessiter une opération, le bras avait pu reprendre son entière fonctionnalité. Mais voilà, Stéphanie ne parvenait plus à planter sa perche pour pouvoir s'élever. Elle se mettait en position, courrait, mais au moment de planter la perche, tout son corps se raidissait, et elle s'arrêtait.

Il n'a fallu qu'une seule séance pour libérer Stéphanie, afin qu'elle parvienne à nouveau à planter sa perche. Puis une seconde séance pour lui rendre tout son niveau de performances, et même les améliorer.

Que s'était-il passé ? Son Cerveau Émotionnel avait enregistré la douleur atroce au moment de l'accident, et l'avait associée à la perche au moment où elle la plantait. Il l'avait encodée. À partir de là, ne voulant pas revivre la même épreuve, il bloquait les muscles et tendons afin de pouvoir l'éviter. Avec le traitement EPRTH™, j'ai non seulement pu effacer le traumatisme émotionnel, mais aussi rappeler au Cerveau Émotionnel tous les plaisirs qu'avait apporté ce sport à Stéphanie, avant l'accident, afin de lui permettre de « croire », de percevoir que l'amélioration de la performance était porteuse d'un bénéfice émotionnel encore plus grand. Ce faisant, désormais, son Cerveau Émotionnel avait soif de performance.

Il est d'ailleurs assez amusant, lorsque l'on fait ce travail auprès d'un sportif, de constater que la performance « programmée » lors de la séance de préparation en EPRTH™ est toujours exactement celle obtenue en situation réelle.

Ce qui ouvre des perspectives intéressantes pour la préparation de sportifs, même hors du contexte post-traumatique.

- **Préparer un événement redouté**, et que la personne doit pourtant effectuer :

  Donner une conférence, ou simplement parler en public, aborder une personne influente ou qui vous trouble, une personne dont on est amoureux(se) secrètement, accomplir une démarche difficile, etc., les occasions sont nombreuses, surtout pour les timides ou les personnes qui doivent « se dépasser » pour obtenir un poste ou promouvoir leur activité.

Comme nous l'avons vu avec l'exemple du sport, l'EPRTH™ permet de travailler avec bénéfice sur un événement à venir. Ainsi, la personne, au jour et au moment décidé, va pouvoir aborder l'instant sans stress. Le thérapeute EPRTH™ veille également à lever tout le stress qui pourrait s'activer entre le moment de la consultation et celui de la démarche à effectuer. Ceci afin d'éviter que le patient « recharge » inconsciemment du stress, à travers l'appréhension.

Dans ce cas également, le résultat in situ est identique à celui projeté lors de la séance.

Bien entendu, cet aspect de la technique EPRTH™ est également une aide précieuse lors du traitement des phobies, des troubles anxieux et des TOC. Car cela permet d'anticiper certaines situations, de les prévenir, et ainsi d'éviter l'aggravation de l'Encodage déjà présent, et pas encore totalement désactivé.

Attentats

Au moment où j'écris ces lignes, vient de tomber l'information au sujet d'un nouvel attentat sur Londres. Mon premier réflexe est de penser aux victimes. À celles et ceux qui sont morts, aux blessés, mais aussi à leurs proches, leurs familles, ainsi qu'à tous ceux, et on y pense rarement, qui bien qu'ils ne soient pas directement concernés vont pourtant développer un syndrome post-traumatique.

Pourtant, pourrait-on penser au moment des faits, ils dormaient tranquillement ou vaquaient à leurs affaires. Et lorsque la nouvelle est tombée, ils étaient peut-être confortablement installés dans leur canapé, ou se trouvaient à leur bureau ou encore avec des amis. Ils ne risquaient donc rien, du moins d'un point de vue logique.

Or, je vous rappelle deux éléments importants :

- La logique est l'affaire du Cortex,
- Pour le Cerveau Émotionnel s'il y a émotion, il y a réalité.

Ce qui revient à dire que même si on n'est pas directement concerné par un événement choquant, le fait même d'en être informé entraîne une alerte au niveau de notre Cerveau Émotionnel. Cette alerte entraînant forcément, à plus ou moins long terme, une réaction biologique, émotionnelle, qui pourra se réveiller, sous une forme ou une autre, un jour ou l'autre.

On note d'ailleurs déjà, dans nos populations, des changements de comportements, avec une tendance à la réactivité plus rapide, preuve d'une sensibilisation au danger « probable » : des mouvements de foule, entraînant de nombreux blessés, après le bruit « présumé » d'un simple pétard au loin, la monté d'une certaine xénophobie, etc.

L'EPRTH™ peut intervenir positivement sur les personnes ayant été choquées, bien que non directement concernées, par la nouvelle d'un attentat. Et je recommande à toutes et tous de le faire préventivement, dès l'instant où ils ont été choqués par une nouvelle d'attentat ou autre. Généralement une seule séance pourra suffire.

Quant aux personnes qui ont été directement concernées (victimes, parents, proches), deux à cinq séances doivent permettre de retrouver leur sérénité, afin de désactiver l'alerte qui bouleverse leur vie, et leurs nuits, émotionnellement et biologiquement.

Bien entendu, l'EPRTH™ ne ramènera pas le proche décédé, ni ne pourra faire repousser un membre arraché, mais cela leur permettra de guérir de la cicatrice émotionnelle et de reprendre leur vie en main, débarrassé des scories laissées en eux par ces atrocités.

Burn-out

<u>Le Burn-out</u> :

Voilà un terme qu'on ne connaissait pas voici encore une vingtaine d'années. Pourtant, il existait déjà, mais on l'appelait plutôt « surmenage ».

Certains même le confondent avec la « dépression ». On lit souvent cette erreur dans des articles de journaux, ou lors de chroniques à la télévision ou à la radio.

Pourtant, le Burn-out n'est pas la Dépression, les symptômes ne sont pas les mêmes.

Si on voulait faire un raccourci, je dirais que le « Burn-out » est une dépression <u>physique</u>, alors que la « Dépression » est une dépression <u>morale</u>.

Que se passe-t-il lors d'un Burn-out ?

Comme nous l'avons vu, notre Cerveau Émotionnel aime ce qu'il connaît. Il n'est jamais plus à son aise que lors de la répétition cyclique d'habitudes. Dès qu'il y a changement dans une de ses habitudes « confortables », il stresse, et quand il stresse, il perturbe notre concentration, notre attention, et nous devenons moins efficients.

<u>Exemple concret</u> :

Laure travaille depuis 15 ans dans une entreprise.

- Le matin, elle arrive à 8h30 :

- Accroche son manteau à la patère dans un coin de son bureau,
- Appuie sur le bouton de son ordinateur pour l'allumer,
- Profite du lancement de la machine pour aller prendre un café au distributeur,
- Revient à son bureau avec son café, s'installe, et commence par consulter les mails arrivés depuis la veille.

- Son patron arrive environ 30 minutes après elle. Il passe la tête par l'entrebâillement de la porte, la salue et lui demande de lui apporter la liste des commandes tombées depuis la veille, afin qu'il puisse les répartir pour les commerciaux.

- Le travail de Laure est à 99% sur son ordinateur. Aussi, apprécie-t-elle, lorsque celui-ci ne fonctionne pas bien, de pouvoir appeler l'entreprise externe chargée de la maintenance. Celle-ci lui envoie, dans la journée, un technicien, souvent le même, qui la dépanne rapidement.

- Le travail de Laure est donc tout à la fois varié, mais surtout répétitif. Elle a la sensation émotionnelle de contrôler son environnement, donc pas de stress. Détente.

- Mais un jour, son patron décide de changer tout à la fois le système de gestion informatique et l'entreprise chargée de la maintenance. Ces changements créent un stress.

- Or il s'avère également, que le nouveau logiciel tombe en panne régulièrement, et que la nouvelle entreprise chargée de la maintenance ne se déplace plus, mais se contente de « dépanner » au téléphone, quand on arrive à la joindre.

Conséquences :

- Laure doit apprendre le nouveau logiciel : stress N°1
- En cas de panne, elle perd du temps et prend du retard dans son travail : stress N°2
- Elle est moins efficace donc son patron est mécontent : stress N°3
- Elle n'a plus du tout l'impression de contrôler son environnement : stress N°4
- Tout ce stress la poursuit même en dehors des heures de travail :
    - Elle repense tout le temps à son travail, même sur le trajet pour rentrer chez elle, et une fois arrivée chez elle.
    - Elle ressasse la nuit, perd le sommeil,
    - Sa digestion se dégrade,
    - Nerveuse, irritable, ses relations avec son conjoint avec ses enfants se dégradent,
    - Peu à peu sa biologie se dégrade, la fatigue prend le dessus, elle se sent débordée en permanence… etc.

- Laure vient d'entrer en Burn-out. Elle continue à agir « comme un poulet sans tête ». Elle croit qu'elle arrive à faire face, son moral n'est pas forcément triste, mais plutôt survolté puis mu par une envie de fuite en avant. Elle avance, elle va au travail, etc. jusqu'au moment où elle s'écroule biologiquement.

Voilà l'histoire d'un Burn-out. Une histoire vraie. L'histoire d'une de mes patientes, et de tant d'autres.

Le Burn-out est souvent lié au travail[17]. Pourquoi ?

Principalement parce que dans le milieu du travail aujourd'hui, de nombreuses sociétés sont persuadées qu'il faut en permanence changer le travailleur de bureau, d'étage, de fonction, etc. Soi-disant pour éviter un certain immobilisme. Or, changer brusquement les habitudes d'un individu est toujours contreproductif ! Car cela génère un stress qui ne peut induire que deux réponses possibles : la fuite et la lutte. Mais pas la lutte pour la compétitivité ! La lutte avec les poings pour se défendre, comme une bête acculée dans un coin de sa grotte.

Un individu stressé ne peut pas produire un travail intelligent. Il est buggé !

17

On rencontre également des « Burn-out » dans d'autres circonstances de la vie, tel que le Burn-out de la jeune mère après l'accouchement.

La Dépression :

Ce qui la distingue surtout du Burn-out, c'est l'absence de combativité. Le dépressif est triste, voire très triste, et surtout il est défaitiste.

Bien entendu, une dépression est la plupart du temps mise en place par le Cerveau Émotionnel, comme une réponse perçue par lui comme étant appropriée pour répondre à une situation, toujours selon un Encodage qui est propre à l'individu.

Il y a autant de dépression que de personne, mais on retrouve cependant quelques pistes récurrentes.

L'EPRTH™ traite très bien le Burn-out et la Dépression.

Le Burn-out étant souvent bien plus rapide à traiter que la Dépression qui souvent s'est « tricotée » sur de nombreuses années. Bien qu'elle puisse survenir brutalement, suite à un traumatisme unique.

CANCER?
rotic nove
ales of Fi

Cancers

Voilà un chapitre qui sent le soufre. Lorsqu'une nouvelle technique de soin « naturel » commence à faire parler d'elle, la médecine « officielle » n'attend qu'une chose : le faux pas. Et bien ce faux pas, l'EPRTH™ ne le fait pas, ni vis-à-vis d'un malade souffrant d'un cancer, ni pour aucune autre souffrance qu'elle soit physique et/ou psychologique. À cela plusieurs raisons :

1) Jamais un thérapeute EPRTH™ ne dira à son patient : « Pas de problème, avec l'EPRTH™, je vais vous guérir ». JAMAIS. Car on ne joue pas avec les espoirs d'une personne, surtout lorsqu'elle est affaiblie par un problème de santé. Le Thérapeute EPRTH™ se considère comme un « facilitateur », un « outil », non comme un gourou. En effet, le corps a toutes les cartes en mains pour se guérir lui-même, et nous considérons la maladie non pas comme une fatalité qu'il faut combattre, mais comme un bug dans le système central. Cependant, on ne sait pas où en est la dégradation biologique. Ni de quelles ressources le corps dispose encore.

2) Le cancer est une maladie grave qui peut conduire à la mort. Il serait irresponsable de jouer avec la vie de son patient.

3) L'EPRTH™ est un excellent complément à la médecine allopathique. Face au cancer, le thérapeute EPRTH™ pourra aider :

    - À « évacuer » le choc mortifère causé par l'annonce de la maladie.

- À surmonter la peur de la mort, l'état dépressif qui peut survenir.

- À régler les conflits émotionnels qui ont contribué au développement de ce cancer. En effet, un cancer ne se « construit » pas du jour au lendemain. En naturopathie on considère une maladie telle que celle-ci, comme une « Maison-Maladie » dont :

  - Les plans correspondent à l'hérédité de la personne. On développe souvent les mêmes maladies que ses ascendants.

  - Les matériaux proviennent des toxines accumulées.

  - Le Maître d'œuvre est le Cerveau Émotionnel - via les Encodages et les épreuves traversées au cours des dix dernières années environ - qui va focaliser lesdites toxines dans une zone précise du corps.

Le Thérapeute EPRTH™ va donc pouvoir, non seulement permettre à son patient de guérir du choc de la nouvelle, de pouvoir visualiser sa guérison, mais aussi d'affaiblir la Maison-Maladie, en s'opposant à sa construction, par l'effacement définitif des cicatrices émotionnelles qui ont contribué à la maladie.

<u>Exemple concret :</u>

Lorsque Marcel (60 ans) s'était présenté à moi, il était affaibli, pâle de douleur et sans grand espoir. Atteint par un cancer de la prostate, il souffrait depuis des mois, et s'en voulait beaucoup des choix qu'il avait faits. En effet, à l'annonce du diagnostic par son médecin, il avait refusé de se faire opérer, car un de ses amis atteints par le même type de cancer avait vu la maladie se déployer dans tout son corps, juste après l'opération. Ce qui avait entraîné sa mort peu de temps après.

Marcel avait cependant accepté de se faire suivre par un cancérologue qu'il rencontrait régulièrement. Ce cancérologue lui prescrivait un traitement chimique qu'il modulait en fonction d'analyses régulièrement effectuées.

En tant que professeur de yoga, Marcel s'était alors persuadé qu'en approfondissant son travail dans cette technique et en améliorant son alimentation, il devrait parvenir à faire reculer la maladie. Malheureusement, rien ne semblait fonctionner comme il l'avait cru. Au moment où je le rencontrais pour la première fois, le cancer avait métastasé de façon inquiétante. Il avait notamment une métastase au niveau du coccyx qui lui rendait la position assise très douloureuse, ce qui avait rendu le voyage en voiture jusqu'à mon cabinet vraiment pénible pour lui. Mais il avait entendu parler de mon travail en EPRTH™, et il voulait absolument tenter l'expérience. Il était également très fatigué. Cela ne lui permettait plus d'assurer ses cours de yoga, ce qui l'attristait beaucoup.

Je compris très vite que la maladie en était à un stade avancé, et que même sans me le dire franchement, Marcel attendait de moi un miracle. Je décidais de jouer franc jeu dès le début, en lui disant que je n'étais pas une fée et que par conséquent je pouvais juste essayer de le soulager, mais qu'en aucun cas il ne devait arrêter de lui-même le traitement prescrit par son cancérologue. Ce qu'il accepta.

Les choses étant bien posées, nous avons pu commencer le traitement EPRTH™.

L'anamnèse révéla beaucoup de souffrances affectives, relationnelles chez ce patient[18], des problèmes anciens au niveau de sa relation avec sa femme qui avait un impact important sur les relations sexuelles du couple. Un schéma qu'il avait rencontré plusieurs fois au cours de son existence.

Je décidais de travailler en EPRTH™ sur cet aspect de sa vie. Ce qui permit de lever une grande partie de la fatigue éprouvée, et fit disparaître la métastase du coccyx entre les deux premières séances. Un soulagement qui lui donna la possibilité de reprendre les cours de yoga et entre autres, de venir me voir en voiture sans souffrance ajoutée.

J'ai vu Marcel quatre fois. Sa santé s'était suffisamment améliorée, notamment avec la disparition des métastases, pour qu'il décide de finalement se faire opérer. Au fur et à mesure des consultations, toutes les trois semaines, je l'ai vu se redresser, recouvrer de l'énergie. Son médecin avait pu en mesurer les effets au travers des analyses. Ce qui lui permit de diminuer les doses de traitement.

Ne me demandez pas quels étaient ses traitements, ni les dosages en question. Je ne suis pas cancérologue et je n'ai pas les compétences pour vous répondre. Mais ce que je sais, c'est que Marcel a survécu et m'a envoyé une charmante lettre de remerciement très touchante.

18

Au cours de ma pratique thérapeutique, j'ai pu noter certaines corrélations entre la localisation de certains cancers et la charge émotionnelle associée. Il me semble qu'une sérieuse étude clinique permettrait de finaliser cette observation.

Deuil

La psychologie considère 7 étapes dans le deuil :

1) Le déni
2) La culpabilité
3) La colère
4) Le marchandage
5) La dépression
6) La reconstruction
7) L'acceptation

Et l'apparition de ces 7 étapes prend un certain temps dans la vie de la personne, voire même des années, pour certaines phases, dans lesquelles la personne s'englue parfois pour ne pas réussir à s'en sortir.

Lors d'un traitement EPRTH™ sur un deuil récent ou ancien, nous retrouvons toujours ces 7 étapes, mais elles vont se vivre de façons concentrées, rapides, au cours d'une seule et même séance, et donner au Cerveau Émotionnel une ressource constructive acceptable par lui.

D'autre part, le thérapeute EPRTH™ ne va pas non plus se contenter de traiter ces 7 étapes, mais également toutes les conséquences du deuil en question. Car c'est parfois le traitement de cette ou de ces « conséquence(s) » qui va permettre de traiter l'Encodage fondateur.

Généralement un Deuil et les souffrances induites par celui-ci peuvent se traiter en EPRTH™, en 1 seule séance.

Mais il arrive que parfois une seconde voir une troisième séance soient nécessaires.

Pourquoi ?

Parce que justement les conséquences du deuil peuvent être plus importantes dans le processus d'Encodage et surtout dans les souffrances ressenties par le patient.

Exemple concret :

Laure est une jeune femme de 30 ans qui a tué accidentellement son bébé.

Lorsqu'elle se présente à moi, sa douleur est immense, sa culpabilité également. Le déroulé du traumatisme : accident, arrivée des secours, décès, ont demandé deux séances. Mais les conséquences : arrestation par la police, troubles internes normaux à la famille, etc., ont été plus longues à traiter, car les ramifications étaient multiples. Il fallait que tout l'équilibre du groupe social soit revenu. Il fallait que Laure retrouve sa capacité à vivre le quotidien, à faire son deuil rapidement. Car elle avait d'autres enfants qui avaient besoin de leur maman, un mari.

L'EPRTH™ permet également de traiter chacun des individus d'un groupe social[19].

19

Un seul et même thérapeute EPRTH™ peut traiter tous les membres d'une famille, sauf si le trouble les implique les uns par rapport aux autres.

Exemples imagés :

- Papa, maman et les 2 enfants vivent un accident, un attentat, un deuil, etc. Le même thérapeute EPRTH™ peut traiter

J'ai donc pu traiter chacun des enfants du couple, ainsi que le papa. J'ai dû recevoir chacun d'entre eux plusieurs fois.

Mais pour l'arrière-grand-mère, qui m'avait été adressée par son médecin traitant, suite à un état dépressif qui avait débuté lorsqu'elle avait appris, par téléphone, l'accident, une seule séance fut suffisante.

---

chacun des membres de la famille, par rapport à ce traumatisme.

- Un couple rencontre des difficultés affectives et/ou sexuelles. Il ne sera pas possible à un même thérapeute EPRTH™ de traiter les deux protagonistes. L'un des deux devra consulter un autre thérapeute.

Douleurs, Migraines, Jambes sans repos...

Les douleurs, Migraines ou Jambes sans repos se traitent très bien en EPRTH™. Nous ne faisons pas la différence entre les manifestations dites « émotionnelles » et les manifestations dites « physiques ».

Compte tenu du fait que ces deux types de manifestations sont induites par le Cerveau Émotionnel, nous les considérons toutes les deux comme une adaptation du système, une réponse, à un Encodage mis en place par le Cerveau Émotionnel en tant que réponse de sécurité « adaptée » ou perçue comme telle par lui.

Le thérapeute EPRTH™ s'appuiera cette fois sur le ressenti physique et émotionnel, et non sur uniquement la perception émotionnelle, ce qui ne change rien à la procédure.

De plus, il ne fera aucune interprétation, mais se contentera de suivre les méandres des différents Encodages mis en place par le Cerveau Émotionnel de la personne.

Bien entendu, s'il y a lésion avérée irréversible, le Thérapeute EPRTH™ le percevra rapidement. La procédure le permet. Il conseillera au patient de consulter également un spécialiste adapté.

Mais, s'il n'y a pas de lésion avérée, les douleurs, migraines et autres jambes sans repos seront rapidement soulagées.

Hikikomori

« Hikikomori ». Ce terme vient du japonais. Certainement parce que c'est au Japon que sont apparus en nombre ces jeunes gens atteints par ce syndrome. Malheureusement pour les Japonais, les Hikikomori sont de plus en plus nombreux dans leur pays, au point que cela devient un enjeu national de santé. D'autant plus que les personnes atteintes sont des jeunes gens qui ne vont plus participer à la vie de la société active.

Mais, commençons par définir ce qu'est un Hikikomori.

- Ce terme est apparu au Japon vers 1990. En 2016, ils étaient environ 260 000 dans ce pays.

- Ce phénomène semble prendre de l'ampleur à travers le monde. Y compris en France, en Europe, Amérique du Nord.

- Il touche des adolescents et des jeunes adultes, entre 15 et 35 ans, principalement des garçons (80%).

- Hikikomori qualifie ces jeunes gens qui un jour, brusquement, s'enferment dans leur chambre pour ne plus en sortir, pendant plusieurs années, voire définitivement.

- Ils n'ont plus aucune vie sociale, se disent déçus de la société.

- Ils « remplissent » leurs journées à lire des mangas, à faire des jeux vidéo.

- Leurs seuls liens sociaux se font à travers les forums, et les jeux vidéo.

- Ils ne font plus aucun projet d'avenir.

- Leur famille est souvent aimante. D'abord inquiète, la famille finit par démissionner.

- Ils se sentent nuls, car ils voient les autres avancés dans leur vie, mais pas eux.

- Cependant, cela ne les motive pas à sortir de leur réclusion volontaire, pour laquelle ils sont prêts à tous les sacrifices.

Les différents observateurs du phénomène (médecin, psychiatres, sociologues, etc.) ont cependant noté des déclencheurs :

- Harcèlement scolaire.

- Deuil.

- Accident.

- Séparation. Etc.

Pour la Thérapeute EPRTH™ que je suis, ce syndrome est comparable à de l'agoraphobie. À cela près que ce n'est pas la « peur » qui maintient l'Hikikomori enfermé, mais la « déception ». Ce manque de motivation à faire partie de cette société qui l'a déçu est extrême.

Notons également que la pulsion de base « la reproduction » est également absente. Ce qui rejoint mon propos sur les problèmes liés à la médiatisation[20].

Qu'ont-ils en commun : Harcèlement scolaire, deuil, accident, séparation..., ce sont des traumatismes

---

20

Voir chapitre « Téléphage Télé-mort »

émotionnels. Or l'EPRTH™ permet de nettoyer ce type de traumatisme en très peu de séances, et de façon définitive, et en ce qui concerne « la relation à la société », cela se « répare » très bien avec cette technique.

J'ai personnellement traité de nombreux cas de jeunes adultes et d'adolescents qui refusaient de sortir de chez eux, pour aller à l'école, la Fac, le travail. À l'époque, je n'avais pas conscience qu'un mot existait pour cela. Mais ce que je peux affirmer, sans aucun doute possible, c'est que l'EPRTH™ permet une guérison rapide. Trois à Cinq séances sont normalement suffisantes.

Pour les Hikikomori qui sont demeurés cloitrés très longtemps, parfois plusieurs années, voire plus de dix ans, un suivi un peu plus long est incontournable. Car le monde a évolué, entre temps, certains codes sociaux également. Une rééducation à la vie en société peut s'avérer nécessaire. Ce qui induira quelques consultations EPRTH™, de loin en loin, afin d'accompagner les changements, sources d'éventuels stress.

Aussi, si vous avez dans votre entourage une famille en détresse face à ce phénomène, n'hésitez pas à lui recommander l'EPRTH™. Dès que le jeune sera dégagé du ou des traumatisme(s) cause(s) de ce que j'appellerais une « Dépression sociale », il abordera le cours de sa vie, avec bonheur.

Phobies et TOC

Les phobies et les TOC sont nombreux, et leurs causes multiples. Je dirais même « personnalisées », comme pour tous troubles émotionnels.

Cependant, ce qu'on peut retenir schématiquement ce sont deux groupes de causes :

a) Un traumatisme ponctuel dont la personne se souvient très bien, et qui est directement en rapport avec le trouble présenté.

b) Aucune cause connue directement en rapport avec le trouble.

Suites d'un traumatisme ponctuel :

Par exemple, il arrive qu'après un accident de voiture, une personne ne puisse plus conduire. Dès qu'elle se met au volant, elle est prise de panique. Ce qui peut aller jusqu'à une vraie phobie de la voiture, y compris lorsque la personne est passagère.

Ce type de phobie est très facile à lever en EPRTH™, car il nous suffit d'aider le Cerveau Émotionnel à comprendre qu'il a survécu. Deux séances sont généralement suffisantes.

Exemple concret :

Georges est venu me consulter pour une claustrophobie qu'il subissait depuis près de six ans. Or, il savait depuis quand le problème était apparu dans sa vie. À l'époque il était pompier volontaire. Il avait participé à un entraînement qui consistait à manœuvrer dans un milieu empli d'une fumée épaisse, en n'ayant pour se guider qu'une corde censée lui permettre de progresser dans l'appartement reconstitué : sous une table, derrière une armoire, etc. Or Georges avait lâché la corde, et s'était mis à paniquer. Au point que ses collègues avaient eu bien du mal à le ceinturer pour le ramener à l'extérieur de la zone d'entraînement.

Georges avait consulté de nombreux thérapeutes et s'était plié à de nombreux exercices de visualisation et de relaxation. Il avait également consulté en EMDR, mais cette claustrophobie résistait, au point où il en était arrivé à ne plus pouvoir emprunter de tunnel, ni même à enfiler un pull à col roulé.

La procédure stricte, et basée sur la mémoire corporelle propre à l'EPRTH™ a sans problème, permis au Cerveau Émotionnel de retraverser tout le déroulé de l'exercice de pompier volontaire, et surtout à faire <u>enfin</u> comprendre à celui-ci que Georges était sorti de la fumée, et cela sans exercices compliqués.

La guérison de Georges a été possible en seulement deux séances.

<u>Sans souvenir d'un traumatisme ponctuel :</u>

Ce cas de figure peut paraître plus difficile à traiter, bien que ça ne soit pas forcément le cas. En effet, l'EPRTH™ se contente souvent du ressenti le plus récent. Par exemple lors d'une phobie ou d'un TOC, on considère d'abord la dernière situation de crise. Bien souvent le Cerveau

Émotionnel, grâce à la procédure spécifique de cette technique, ramène spontanément le traumatisme fondateur, ou au moins l'un des traumatismes. Une fois « nettoyée » la situation va permettre au thérapeute EPRTH™ de progresser dans la résolution du problème, en remontant de trauma en trauma, jusqu'au traumatisme fondateur, l'Encodage. Améliorant, à chaque consultation, la situation de son patient qui se sentira de moins en moins impactée par le trouble pour lequel il avait consulté. L'Encodage « nettoyé » la phobie ou le TOC disparaîtra de façon définitive.

Il faut retenir qu'une phobie ou un TOC ne sont pas toujours représentatifs de l'Encodage de base. En effet, par exemple, ce n'est pas parce qu'une personne souffre d'émétophobie qu'elle a déclaré cette peur panique de vomir à la suite d'une expérience traumatisante dans ce domaine. La plupart des émétophobes n'ont même jamais vomi de leur vie.

La procédure totalement « Neutre » de l'EPRTH™ ne risque pas d'enfermer le thérapeute dans un processus d'interprétation qui le limiterait, et c'est certainement là, non seulement une des grandes particularités de cette technique, mais aussi ce qui lui permet d'obtenir des résultats aussi spectaculaires et définitifs.

Phobie scolaire

La phobie scolaire est une phobie « différente » des autres phobies. Car si parfois elle s'appuie sur un traumatisme connu, c'est plus généralement une accumulation de stress qui se sont télescopés avec une situation stressante par nature. L'école étant par essence un lieu fondamentalement stressant pour un enfant. Certains feront avec, cherchant d'instinct des compensations à ce qui n'est autre qu'un milieu concentrationnaire[21] : les copains, les bons points, la fierté lue dans le regard des parents, etc., et d'autres n'y parviendront pas.

Cette incapacité à s'adapter à ce milieu, non naturel d'un point de vue du Cerveau Émotionnel, va alors générer un stress qui va grandement perturber les capacités de concentration, de mémorisation de l'enfant, et son aptitude à communiquer avec le groupe. D'instinct, par les perceptions du Cerveau Émotionnel, le groupe va alors ressentir cet « inadapté » comme étant une victime[22]

21

Concentrationnaire : lieu fermé où sont rassemblés, sous surveillance militaire, policière ou sous celle de personnes détenant une autorité, soit des populations civiles de nationalité ennemie, soit des prisonniers, soit des groupes d'individus présentant des similitudes permettant de les classer, de les regrouper (religions, orientation politique, âge, etc.)

22

Savez-vous que dans une meute de loups, outre le dominant, il est un individu indispensable à la survie du groupe : la victime.

Chaque fois qu'un individu de la meute subit un stress, il va se défouler sur ce loup « victime » ; or si on soustrait ce loup maltraité, un possible, et va renforcer par son comportement : moqueries, insultes, bashing…, le stress déjà présent.

De plus en plus de parents amènent leurs enfants en consultation suite à une scolarité problématique, voire à un refus de l'école qui parfois devient une véritable phobie. On pourrait se demander pourquoi, les élèves d'aujourd'hui sont de plus en plus nombreux à rejeter l'école. Car enfin, un enfant est programmé pour apprendre. Il ou elle devrait donc être comblé(e) par cet antre du savoir.

Afin de répondre à cette question, je dois d'abord parler du processus de l'apprentissage, et donc de notre faculté à nous concentrer et à mémoriser.

La mémoire

Elle nous permet d'encoder (Cortex et Cerveau Émotionnel), de stocker et de récupérer les informations : souvenirs personnels, connaissances culturelles, procédures automatiques, etc.
Sa capacité est variable de quelques secondes à toute une vie : mémoire à long terme, à moyen terme, à court terme.

La mémoire se "nourrit" via nos sens d'où l'importance du Cerveau Émotionnel dans les processus de mémorisation. Il n'y a donc pas une seule mémoire, mais plusieurs :

---

autre loup devra prendre sa place de « victime ». Faute de quoi la meute ne pourra pas fonctionner. Ce type de comportement est nécessaire à tout groupe de mammifères, et cela est particulièrement visible lors des situations concentrationnaires : prison, école, colonie de vacances, armées, etc. C'est la fameuse « tête de Turc ».

- La mémoire verbale qui va permettre de mémoriser par exemple une série de mots et de la rappeler après quelques minutes.

- La mémoire visuelle qui nécessite une analyse constante des éléments visuels qui nous entourent. Elle permet de retrouver sans problème l'emplacement d'objets divers, de se souvenir précisément des détails d'un tableau qui vient d'être vu ou de la tenue d'une personne qui vient d'être croisée.
- La mémoire auditive
- La mémoire tactile ou mémoire kinesthésique
- La mémoire olfactive

L'attention

Cette fonction cognitive, dépendant du Cortex, permet aussi bien la mémorisation d'une information, la compréhension d'un texte, que la recherche d'une chose donnée. Elle permet notamment de traiter en détail différentes informations simultanément, ce qui est primordial. En effet les informations ne nous sont jamais données à nos sens une à une.

<u>Exemple imagé :</u>

Lorsque vous entrez dans une pièce, pour vous assoir à table, vous allez sélectionner automatiquement certains paramètres de l'endroit qui vont vous être utiles pour ce que vous venez faire dans cette pièce : où est la table, où est ma chaise. Pourtant d'autres informations vous sont simultanément données : la grandeur de la pièce, la pendule sur le mur, la lumière par la fenêtre, la couleur des cheveux de la personne qui est déjà là, etc.

Comme vous le voyez, il est impossible de traiter en détail toutes ces informations simultanément. C'est donc l'attention sélective qui va permettre de sélectionner, parmi toutes ces informations, celles à traiter prioritairement, en fonction de leur pertinence pour l'action à mener et/ou en rapport avec vos attentes. Or cette « sélection » revient à notre Cerveau Émotionnel, nos émotions. En effet, si vous souffrez, par exemple, de claustrophobie (peur des endroits clos), votre attention va d'abord être occupée à repérer la fenêtre, la porte, l'endroit où s'asseoir pour ne pas se retrouver coincé, etc.

« Quand les hommes utilisent de l'information, ils consomment de l'attention. La fonction d'émotion est de contrôler l'attention »[23].

Ce qui revient à dire qu'une personne stressée, et à fortiori un enfant, ne parviendra ni à se concentrer ni à mémoriser. Car le stress ressenti « enclenchera » automatiquement la réponse de base face à un danger : la fuite : afflux d'énergie dans les jambes, et/ou la lutte : afflux d'énergie dans les bras. Et surtout, le stress va « geler » le Cortex (lieu de la mémorisation et de la concentration), afin de permettre une réponse instinctive (rappelez-vous l'exemple de la voiture qui me fonce dessus).

Sociabiliser :

Devant la souffrance de leurs enfants, certains parents décident de ne plus les envoyer à l'école, et de les scolariser à la maison. Ce qui en scandalise d'autres qui voient là un

---

23

Herbert Simon (1916-2001), prix Nobel d'économie et spécialiste de la psychologie cognitive.

« empêchement » à la sociabilisation de ces chères têtes blondes.

Se poser les bonnes questions :

Première question : le milieu scolaire permet-il à un enfant de se sentir suffisamment sécurisé, sans stress, pour pouvoir se concentrer et mémoriser ?

Seconde question : le milieu scolaire offre-t-il à l'individu de meilleures chances de se sentir à l'aise dans la société, une fois adulte ?

Deux questions fondamentales qui peuvent, selon moi, expliquer grandement les souffrances de nombreux enfants, voire de nombreux adultes. Car oui, j'ai pu constater qu'une personne sur cinq présente au moins un traumatisme lié à sa scolarité.

Milieu scolaire : est-il une répétition générale de l'entrée en société ?

En quoi l'école est-elle représentative de la société ? En rien.

Regrouper un certain nombre d'individus n'est en rien créer une mini société.

Les différences :

1) À l'école : les enfants sont regroupés par tranche d'âge.

   Une société est composée d'individus d'âges différents.

L'école vous apprend à fonctionner, à interagir uniquement avec des individus du même âge que vous, d'où des conflits générationnels aggravés. On est très loin des « vieux » qui transmettaient la sagesse au coin du feu, alors qu'on s'occupait des plus jeunes. C'est à présent, le chacun pour soi générationnel.

2) À l'école : les enfants sont environ une trentaine, face à un adulte qui a quasiment tous les pouvoirs. Bien entendu, il ne pourra pas les battre, mais il y a bien d'autres façons de traumatiser un enfant.

   Où est la société démocratique dans ce modèle ?

Cela est d'autant plus impactant sur l'enfant contemporain qu'il est en état de faiblesse « aggravée » dans notre société actuelle. En effet, à longueur de temps, votre enfant a entendu, souvent avant même d'être scolarisé, que « c'est la crise », « il n'y a pas assez de travail pour tout le monde », etc. De nombreux parents pensent également bien faire en répétant à leurs enfants : « C'est pour ton avenir »[24].

24

Souvent quand un enfant m'est amené en consultation par son parent, suite à des problèmes scolaires, j'en profite - dès que le parent m'a laissé seule avec le ou la petit(e) - par lui poser une question : « Est-ce que tu sais pourquoi tu dois aller à l'école ? ». La plupart du temps, voire même à chaque fois, l'enfant me répond, le plus sérieusement du monde : « C'est pour mon avenir. »

Ce à quoi je m'empresse de demander : « Et c'est quoi l'avenir ? », et là, le petit me regarde invariablement avec des yeux ronds. Il n'a aucune idée de ce à quoi cela correspond. Tout simplement parce que personne ne prend jamais le temps de lui expliquer ce concept abstrait, selon un mode qui soit à sa portée.

Considérons également le moment des devoirs à la maison :

Les devoirs stressent tout le monde, les parents déjà fatigués par leur journée de travail et leurs soucis du quotidien. Ils stressent surtout l'enfant qui se retrouve, <u>même chez lui</u> - cette zone qui représente sa « grotte », le lieu ressource - en situation d'échec, en situation de celui qui est fauteur de troubles. Or, je rappelle qu'un enfant qui déçoit « maman » est un enfant qui se ressent (Cerveau Émotionnel) en danger de mort. Un enfant qui déçoit « papa » perçoit que ce qu'il produit ne vaut rien et que la Société le rejette.

Voici aussi le moment du carnet de notes : quel stress insupportable pour votre enfant dont le but ultime est de ne pas vous déplaire, et ceci afin de pouvoir survivre (Cerveau Émotionnel).

Il est donc important de comprendre le point de vue de l'enfant :

L'enfant n'a aucune idée de ce que veut dire « avenir ». Cela ne sert donc à rien de faire peser sur lui une responsabilité d'avenir qui ne le concerne pas. Vous ne faites que le stresser, et plus il est stressé, moins il parviendra à se concentrer et à mémoriser.

L'enfant petit a besoin de <u>concret</u>. On le voit d'ailleurs assez bien dans les tâches manuelles. On sait depuis longtemps que de jeunes enfants qui vivent mal l'école vont pourtant être très attentifs et très motivés lors d'activités telles que le jardinage. Pourquoi ? Parce que ce sont des actions simples et concrètes, dont les résultats également concrets sont obtenus dans un laps de temps relativement court :

- Je plante une graine de salade,
- J'arrose régulièrement. En quelques jours une pousse apparait,
- Et en quelques semaines, je peux déguster une belle salade produite par mes propres soins = fierté gratifiante = envie de reproduire l'expérience.

Quel lien un jeune enfant pourrait-il faire entre :

Se lever tôt, alors qu'il a encore sommeil + être assis des heures sans bouger alors qu'il aurait envie de courir et de jouer + se faire disputer par la maîtresse parce qu'il parle avec son copain, alors qu'il a des tas de choses à lui dire bien plus intéressantes pour lui + maman qui est stressée par la ligne de « A » ou la rédaction que je doive faire pour le lendemain, alors que je voudrais juste qu'elle m'aime afin de me sentir en sécurité, etc.

Et :

Avec un bon diplôme, je vivrai mieux PLUS TARD.

« Plus tard » pour un jeune enfant est un concept totalement abstrait !

S'il accepte de subir tout cela, ce n'est que pour une seule et unique raison : pour que vous l'aimiez, pour pouvoir survivre (Cerveau Émotionnel). <u>Vous devez le comprendre et cesser d'ajouter à son stress.</u>

D'autre part, pour un jeune enfant, il y a d'un côté les adultes, de l'autre les enfants.

Vous allez me dire : « Oui, mais cela ne concerne que les jeunes enfants. Un enfant de 10 ou 15 ans est mieux à même de comprendre à quoi sert l'école. »

Oui, mais il est déjà trop tard. Formaté à vivre au milieu d'autres enfants du même âge, sous le joug de l'enseignant qui, souvent par manque de capacités adaptées à la communication avec de jeunes enfants, l'a stressé, traumatisé, et a peut-être abîmé les relations familiales, le jeune adolescent est plein de colère et de défiance vis-à-vis des adultes.

Cette colère ayant généré également des tensions entre lui et ses comparses. Tensions qui vont entraîner des guerres de pouvoirs internes à la classe.

Voyons à présent le point de vue de l'enseignant :

J'ai très souvent en consultation des enseignants. Or force est de constater que la plupart d'entre eux sont des personnes qui présentent des traumatismes émotionnels très anciens. Ce qui revient à dire qu'ils ne sont pas des personnes émotionnellement équilibrées. Comment se fait-il qu'ils ne soient pas évalués très sérieusement avant qu'on leur confît des enfants ? Un enfant n'est pas un sac dans lequel il suffit de déverser du savoir pour qu'il l'intègre. Comme nous l'avons vu, la façon, l'émotion générée, est bien plus importante que le savoir en question.

Or lorsqu'un enseignant se retrouve seul devant un groupe d'individus beaucoup plus nombreux que lui, il est face à une situation extrêmement stressante qui lui demande de disposer d'une grande force intérieure. Au lieu de cela, comme je le disais plus tôt, il s'agit bien souvent de personnes déjà fragiles émotionnellement. Elles vont donc se servir de ce fameux pouvoir « illimité » dont je parlais au début de mon texte pour se rassurer elles-mêmes. C'est-à-dire qu'il ou elle va :

- Crier → provoquer une situation perçue comme un danger immédiat par le Cerveau Émotionnel de l'enfant → Énergie dans les jambes et dans les bras (l'enfant est agité) + difficultés à mémoriser et à se concentrer.

- Sélectionner inconsciemment une « victime » aux dépens de laquelle il va faire rire les autres, dans une tentative inconsciente de se rapprocher du reste du groupe.

- Menacer → provoquer une situation perçue comme un danger immédiat par le Cerveau Émotionnel de l'enfant → Énergie dans les jambes et dans les bras (l'enfant est agité) + difficultés à mémoriser et à se concentrer.

- Punir → colère, ressentiment, sentiment d'injustice, peurs, etc.

- Et tout autre comportement dicté par son propre Cerveau Émotionnel, comme « adapté » pour sa survie dans ce milieu stressant.

Il n'est donc pas surprenant de constater qu'il y ait de plus en plus d'enfants en souffrance vis-à-vis de la scolarité, et même de phobies scolaires. Cela explique également que le niveau scolaire soit de plus en plus bas. Dans un monde toujours plus abstrait, tout en étant toujours plus compétitif, l'école telle qu'elle nous est proposée actuellement ne répond pas au besoin de l'enfant.

De plus, je voudrais faire remarquer que la scolarisation d'un enfant dès ses 6 ans, et même bien avant, si on tient compte de l'école maternelle, est pour moi une aberration totale. Puisque, comme je le rappelle dans les chapitres « A moi la mamelle ! » et « Où t'es, papa où t'es ? », de 0 à 3 ans l'enfant n'est programmé que pour interférer avec sa mère, puis de 3 à 7 ans surtout avec son père. Son père qui devrait l'enseigner sur la Société et sa place en son sein. L'entrée à la « Grande école » à 6 ans est donc tout à fait prématurée.

Un exemple d'école dont nous devrions nous inspirer :

Une étude récente a démontré qu'en Finlande :

- La scolarité commence à 7 ans : à cet âge-là, l'enfant est mûr pour s'ouvrir à la Société, en dehors du cocon familial.

- L'enfant ne commence à être évalué : notes, classement, etc., qu'à partir de 13 ans. Avant cela l'information lui est délivrée librement, sans enjeu donc sans stress. La dimension ludique et concrète est valorisée. Ce qui permet une meilleure mémorisation, et sans compétition entre les enfants : pas de colère, ni de ressentiment.

<u>Résultats :</u> Les connaissances acquises et les performances scolaires sont nettement supérieures à celles obtenues dans les autres pays, y compris en France, Suisse, etc.

Cela ne veut pas dire que nous devrions transformer toutes les sociétés humaines sur le modèle finlandais qui a aussi certainement ses travers. Mais une école plus respectueuse de l'enfant, en tant qu'individu qui doit traverser certaines étapes dans son évolution personnelle, et qui surtout doit pouvoir se sentir en sécurité dans un monde moins abstrait, me semblerait une bonne chose.

Sida

Sale virus n'est-ce pas ? Et pourtant si performant. C'est ce qu'il y a de fantastique et aussi de perturbant dans notre univers : même le plus infime virus n'est mu que par une seule chose : survivre et se multiplier. Et cela même si cela doit tuer l'hôte. L'être humain ne fait-il pas la même chose avec notre planète ?

Mais revenons au sida. Bien entendu, l'EPRTH™ n'affirme pas guérir le sida. Mais ne serait-il pas merveilleux de pouvoir limiter, d'endiguer, voire de geler sa prolifération chez la personne porteuse du VIH.

Je n'ai personnellement pas travaillé auprès de personnes porteuses du sida qui seraient venues me consulter pour cela. Mais j'ai formé deux thérapeutes qui interviennent auprès de personnes contaminées, et qui ont pu observer une sensible amélioration de leur état général grâce à l'EPRTH™[25].

Le thérapeute EPRTH™ ne promettra jamais à son patient atteint du sida qu'il va le guérir, mais comme pour les cancers, et autres maladies mortelles, il pourra permettre certaines améliorations au quotidien. Ce qui n'est pas exceptionnel. En effet le monde scientifique a connaissance de ces cas de personnes porteuses du virus, mais qui ne développent pas la maladie. Par contre ce que ne comprennent pas clairement les observateurs scientifiques

---

25

Une observation à ce sujet, est en cours, en collaboration avec l'un de ces deux thérapeutes.

de ce phénomène, du moins à ma connaissance, c'est pourquoi ?

Ma question est donc celle-ci : Et si l'activation, ou pas, du virus était fonction de la charge émotionnelle, des Encodages, du « Bénéfice » qu'en retire le Cerveau Émotionnel ? Voici une piste peut-être intéressante à suivre.

En tout cas, ce que je sais, c'est qu'il a été observé une possible amélioration des défenses immunitaires, après le traitement EPRTH™. Des résultats qui sont reproductibles, en « nettoyant » :

- La charge émotionnelle négative relative au choc de l'annonce de la maladie.
- La charge émotionnelle négative relative au choc, de la peur de la mort.
- L'acceptation du traitement et les modifications biologiques en découlant.
- La charge émotionnelle négative consécutive à l'attitude de l'entourage.
- La charge émotionnelle négative liée à la culpabilité d'avoir eu un comportement à risque.
- Les cicatrices émotionnelles qui ont conduit à ce comportement à risque, etc.

Stérilité, Troubles sexuels

Les Troubles sexuels

<u>Qu'ils soient dus à :</u>

- Un trouble de l'érection,
- Un manque d'envie,
- Une douleur,
- Une pulsion « particulière » pouvant apparaître comme perverse, etc.

Dès l'instant où il n'est pas « lésionnel », c'est-à-dire : dès l'instant où il n'y a pas empêchement suite à la lésion d'un organe et/ou organe manquant, un trouble sexuel est par définition émotionnel.

Cela revient à dire que votre Cerveau Émotionnel tire un « Bénéfice » à ce trouble. Quel est ce « Bénéfice » ? Il se définira de lui-même au cours du traitement. Cela pourrait être, par exemple :

- Besoin de vivre l'abandon. Ne plus satisfaire ma (mon) partenaire, afin qu'elle (il) finisse par me quitter.
- Encodage : plaisir = douleur. Encodage mis en place au moment du premier rapport sexuel.
- Encodage : plaisir = violence/abus, etc. Encodage mis en place au moment de la première rencontre avec la sexualité.
- Encodage « ne pas se reproduire ». Etc.

Ces exemples n'étant donné que pour vous permettre de mieux comprendre mon propos. Tout en sachant que le Cerveau Émotionnel de chacun suit des Encodages qui lui sont propres. Et c'est bien pour cela que le thérapeute EPRTH™ ne partira jamais sur une idée préconçue, mais se contentera de suivre le chemin emprunté émotionnellement et sensuellement, par le Cerveau Émotionnel de son patient.

La stérilité

Si vous n'avez pas d'utérus ou d'ovaires, l'EPRTH™ ne les fera pas pousser. C'est évident. Cependant, il est possible d'intervenir avec bénéfice sur :

- Non-conception inexpliquée,
- Problèmes ovulatoires. Cycle ovarien complexe,
- Problèmes liés à la qualité du mucus cervical (hostile),
- Syndrome des ovaires polykystiques (SOPC),
- Facteurs liés au mode de vie,
- Anomalies des spermatozoïdes,
- Troubles immunologiques, etc.

Conclusion

Voici le moment de conclure cet ouvrage. J'espère qu'il vous aura apporté ce que vous étiez venu y chercher.

Mais surtout, je souhaite qu'il vous ouvre à encore plus de Tolérance et d'Espoir.

Tolérance envers vous-même, en premier lieu, en vous permettant de réaliser que :

- Si vous perturbez votre entourage par vos phobies, vos peurs, vos Tocs, etc., ce n'est pas parce que vous le faites « exprès », ou parce que vous manquez de volonté.
- Si vous n'êtes pas « capable » de gérer au mieux vos finances, de réussir vos examens, de réussir votre vie professionnelle, de contrôler vos émotions, etc. C'est normal ! Et cela peut s'arranger.

Tolérance également envers les autres, car eux aussi sont les jouets inconscients de leur cerveau primaire.

Et puis, profitez de ces informations pour nourrir cet Espoir qui est nécessaire à chacun d'entre nous quand nous devons faire face aux difficultés, aux souffrances, aux « coups du sort », etc.

Vous savez maintenant pourquoi cela se passe comme cela dans votre quotidien, et comment reprendre votre vie en main, grâce à l'EPRTH™.

Excellent voyage !

Bibliographie

Administrative Begavior, 4th Édition - Herbert Simon - 1997 (Anglais)

Brain-Gut Interactions - Yvette Taché, David L. Wingate - 1991

Éloge de la fuite - Henri Laborit - 1985

Faites comme si ! - Lee Pascoe, Lila Veronese - 2005

Herbert Simon et les sciences de conception - André Demailly - 2004

Influence et manipulation - Robert Cialdini, Fabrice Midal, Marie-Christine Guyon - 2014

La filiation de l'Homme et la sélection liée au sexe - Charles Darwin - 2013

La nouvelle grille - Henri Laborit - 1986

L'enfant gigogne - Jean-Paul Fluteau - 2011

Les cartes du langage émotionnel du corps - Roger Flammetti - 2011

Le ventre notre deuxième cerveau - Fabrice Papillon - 2014

L'expression des émotions chez l'homme et les animaux - Charles Darwin - 2001

Méditer, jour après jour - Christophe André - 2011

Joseph Ledoux

- (1994) : Émotion, mémoire et cerveau, Pour La Science, 202 : 50-57.
- (1998): The emotional brain. Weidenfeld & Nicolson, London.
- (1997): Emotional memory and psychopathology, Phil. Trans. R. Soc. Lond. B 352 : 1719-1726.
- Le cerveau des émotions : Les mystérieux fondements de notre vie émotionnelle - 2005

En anglais

- *The Emotional Brain: The Mysterious Underpinnings of Emotional Life*, 1996, Simon & Schuster, 1998
- *Synaptic Self: How Our Brains Become Who We Are*. 2002, Penguin Putnam, 2003

Trouver un Praticien EPRTH™

Dans votre région

Sur l'annuaire de notre site :

www.eprth.com

Ambre Kalène reçoit en consultation personnelle à distance.
Pour une demande de rendez-vous, contactez-la sur :

eprth@hotmail.com

Indiquez vos noms et coordonnées par email, nous vous recontacterons pour la prise de rendez-vous.

Vous désirez vous former pour devenir Thérapeutes EPRTH™
Toutes les infos pratiques et inscriptions* sur :

www.eprth.com/formations/formations.html

***Cette formation est disponible à distance par e-learning.**

Si vous avez apprécié ce livre, n'oubliez pas de l'indiquer sur Amazon en laissant un commentaire.

Cela sera utile pour la technique EPRTH™, ainsi que pour tous celles et ceux qui souffrent et qui ont besoin de rencontrer une solution possible à leur problème.

De la même Autrice :

Retrouvez les autres livres de

Ambre Kalène sur :

www.kalene-arts.com/shop

www.ingramcontent.com/pod-product-compliance
Lightning Source LLC
LaVergne TN
LVHW010055170826
845678LV00012B/2144

* 9 7 8 2 4 9 4 0 7 0 0 3 5 *